# EL ALFARERO SOLITARIO

TOMÁS GONZÁLEZ PATIÑO

**El Alfarero Solitario**

Autor:
Tomás González Patiño

2022

Diseño Gráfico y Diagramación:
Verónica Flores

# ÍNDICE

# PRÓLOGO

Ha llegado el Alfarero;

De nuevo Tomas De Aquino (Toquín) nos deleita con una brillante prosa, que además de espiritualmente muy aleccionadora, nos resulta muy entretenida y amena, en especial a los que tuvimos la fortuna de caminar en esos paisajes de antaño que se negaban a desaparecer consumidos por la extensión desaforada de la gran Ciudad Capital.

Así es, tal como el candelero sobre la mesa, esta lectura nos ilumina en la vereda que nos conduce a ese espacio de la Fe que nuestro intelecto trata de comprender sin éxito. Ya lo decía San Agustín, como querer meter el mar en un pozo a la orilla.

La historia nos relata un encuentro del joven Olegario con Manuel María; un alfarero algo ermitaño y casi analfabeta, pero de corazón puro, quien desarrolla un interesante acercamiento al mensaje de Jesús a través de su inocente dedicación a la lectura de la Sagrada Biblia. Las conversaciones entre ambos personajes van desgranando parábolas que Jesús, a través de su magisterio, esparció por esas tierras orientales llenas de tanta historia. Es así, en la mezcla y la cocción del barro donde estos personajes intentan descifrar mensajes casi ocultos tras las enseñanzas del Nazareno, mostrando aristas muy interesantes y profundas de su doctrina en forma de consejos fraternales de muy sencillo entendimiento.

No contenta con eso, y de una manera muy sutil, esta historia nos invita a hacer un vuelo rasante por los Sacramentos de la Iglesia Católica. De una forma delicada nos muestra como en la cotidianidad de la vida nos encontramos con infinidad de oportunidades para vivirlos, practicarlos y reforzarlos. Solo debemos estar atentos en la lectura y en nuestro diario devenir, para captar esas oportunidades donde se nos ofrece un chance para demostrar nuestra verdadera humanidad.

Todo este transitar de los dos personales se desarrolla en un lugar de la fantasía de Toquín, pero nunca deja de ser una remembranza al pueblo que lo vio nacer. Lugares, personajes, pasajes y paisajes que recuerdan esa época dorada donde los pueblos aun eran pueblos, pero ya también dejaban de serlo.

Les invito pues, a disfrutar esta sencilla historia con profundidad, donde la vida del joven Olegario se transforma tras el encuentro con el viejo asceta para descubrir su misión de vida y manifestarla.

*Tomás Rafael González Gavidia*
*Miami, agosto 2022*

# PRÓLOGO DEL AUTOR

Pienso que el silencio y la soledad permiten que emerja la sensibilidad humana y a través de su cristal se puede observar con perfecta claridad, la magnitud de nuestra proyección hacia los hermanos que nos rodean. Señalan además en ese autoexamen, cuál ha sido nuestro comportamiento ante el mandamiento del amor que nos dejó el Hombre de la Cruz.

Insisto en que la caridad, es la máxima expresión del amor, o dicho de otra manera, el amor se manifiesta en su forma suprema, cuando aparece la caridad.

Se debe tener claro, que la limosna es apenas su pequeña expresión. La caridad abarca terrenos mucho más extensos, que van desde una simple sonrisa hasta el perdón. Como se ve no siempre es fácil, aunque no imposible, cumplir con esa virtud teologal que es mandato claro de Jesús.

Manuel María y Olegario, personajes de este escrito, al igual que muchos otros, son amantes de esas manifestaciones de silencio y soledad consideradas tesoro invalorable. En lo particular, como muchos seres humanos, también en algunos momentos gozo de la clausura y el sosiego. Éstos además me ayudan a percibir el deseo de caridad de los seres que me rodean. Negarla sería enfrentar el mandato divino.

El contenido de este escrito es totalmente fruto de la fantasía que proviene de la imaginación. Si algún concepto contenido en él invade terrenos propios de las enseñanzas del hombre de Nazaret, sin ninguna duda, privará su magisterio.

CAPÍTULO

1

• • •

# ALFARERÍA

Se hunde el talón en el barro, mana agua entre los dedos y un chasquido hace de melodía amenizante a aquella acción, la cual se repite una y otra vez en la monotonía de la misma sonoridad.

Olegario, joven alegre, estudiante que comienza a cursar su último año en el liceo del pueblo donde vive, se considera a sí mismo como una persona feliz amante de la soledad, el sosiego y más que eso, allá en lo profundo de su alma un algo más que no logra interpretar, pero que hasta el momento por la superficialidad espiritual en que vive, no le ha prestado atención. Para él, creer o no creer en Dios, el ser Cristiano o no serlo, es materia que nunca le había interesado. Esa alternativa nunca se la ha planteado. Es más, ese tema no sólo le es desconocido, sino algo peor, desprecia su existencia, para él no es materia que le interese. Consideraba que habían otros aspectos de la vida que merecían atención y no éste, que él estimaba como una pérdida de tiempo. Según él, carecía de importancia. Pensaba por ejemplo, que era más urgente atender lo que demandaban sus estudios. Así pues, nunca había sentido preocupación por ese asunto, ni sobre él había tenido orientación alguna. En su casa ese tema, cabida nunca había tenido.

La operación con el barro continuaba, se repetía una y otra vez, hasta lograr ponerlo en condiciones de ser trabajado para elaborar ladrillos y tejas. Era un anciano el hombre que realizaba el amasado. Manuel María el nombre del personaje. Era casi un ermitaño que, aunque vivía en el mismo vecindario donde lo hacía Olegario, pasaba la mayor parte de su tiempo en el taller situado a las afueras del pueblo, en una colina cercana, situada a unas tres leguas y cuarto más allá de la última casa de la aldea.

Se accede a ese refugio-laboral, por una precaria, sinuosa, angosta y aprendiz de carretera, de ancho variable pero de una sola vía, aunque suficiente para permitir el paso de una carreta o un pequeño camión, que con muy poca frecuencia la transitan para transportar los productos alfareros. Para su construcción fue cortada la falda del cerro, por lo que presenta de un lado, pequeños taludes ascendentes de contextura esquistosa, casi verticales y depresión del terreno, del otro. Está surcada transversalmente por canalones naturales drenantes de las aguas pluviales, algunos de ellos de tamaño importante, que en ocasiones dificultan su poco tránsito.

El pueblo donde vivían ambos personajes, es una aldea pequeña que, además del colegio de Olegario, tiene calles, casas blancas, una plaza y una iglesia.

El taller de Manuel es un cobertizo alargado, a dos aguas, sin paredes, piso de tierra de pareja superficie y el techo parcialmente de tejas y láminas metálicas.

Manuel, es un hombre delgado, de talla promedio, piel morena y contextura fuerte, deteriorada sólo por el inexorable paso de los años. Configuración casi perfecta que mantenía a pesar de su edad. Su cabellera de color negro azabache, con incipientes y casi inadvertidas pinceladas blancas que con aparente dificultad, la edad había logrado colocar. Milagrosamente el color oscuro de su pelo, las había mantenido escondidas al paso de los años. Por haberse mantenido hasta el momento en esa intensa actividad física, su aspecto corporal y su manifiesta energía indicaba que hasta el momento, estaba ganando la férrea batalla mantenida con la edad. Es de poco hablar, pero su limitada conversación es sólida. No le gusta la crítica a sus semejantes. Su lenguaje es refinado, dentro de lo que su autodidacta preparación le permite. Nunca habla tonterías y su decir está lejos de la chabacanería. Dispone de una apreciable inteligencia innata, pues su preparación de aulas es poca. Quizás por la lectura, actividad a la cual dedica tiempo, muestra gran conocimiento de los textos bíblicos, sobre todo los relativos al Nuevo Testamento. Guarda como compañero en su taller, un ejemplar de la Biblia, a la cual en busca de respuestas, constantemente acude. Su carácter, a primera vista, es huraño, aspecto que desaparece al tratarlo.

Un sábado cualquiera, ya a finales de la década de los años cuarenta, del siglo veinte, exactamente en el de mil novecientos cuarenta y nueve, el joven Olegario, como se dijo, también residente de aquel pueblo y buscando un poco de tranquilidad, dio un paseo por las colinas circundantes al poblado, lugar donde sin él saberlo, está situado el taller de alfarería de Manuel María. Caminando por aquellos parajes, vio una rudimentaria construcción que se erguía como único baluarte entre aquel paisaje vegetal de plantas de secano.

La flora circundante estaba integrada por pitahayas y en más por guatacaros, pequeña planta borraginácea. También había, además de uno que otro arbusto de tuna verde, algunos otros cactos y otras especies vivientes en terrenos áridos. Toda aquella variedad de plantas estaba agobiada en aquel momento, por la intensa sequía propia de la época del año.

Por curiosidad, el joven caminante, se dirigió hacia aquel conjunto de techos, horcones y verjas vivas integradas por delgados arbustos llamados coloquialmente rabo de ratón. Era la única edificación existente en todo el derredor. Después de subir por un corto camino que hacía de pórtico y traspasar una "puerta" de fabricación precaria y de media altura, construida de delgadas varas amarradas con alambres, con aspecto de ilíaca radiografía, entró en la primitiva edificación.

Allí estaba el anciano anacoreta, en marcha estacionaria, con pantalones irregularmente arremangados, hundiendo sus talones en el barro, amasándolo con sus pies, cosa que debía hacer según después dijo, hasta lograr de él, las condiciones de trabajabilidad que permitieran su manipulación para elaborar los productos alfareros.

CAPÍTULO

2

• • •

# ENCUENTRO

Al entrar Olegario al recinto de Manuel María, este último detuvo su amasado y erguido sobre aquella amalgama que le cubría hasta la mitad de la pierna, le salió al paso. Para él, aquel joven extraño visitante, era un intruso, era un invasor que podría violar su tranquilidad y su silencio. Su saludo fue parco, de una sequedad cónsona con el ambiente circundante de aquel lugar, pero contrastante con lo húmedo del barro pisoteado.

- ¿Qué desea joven? ¿Qué le trae por aquí? ¿En qué puedo servirle?

Esas fueron las palabras con que Manuel recibió a Olegario.

El saludo además de seco, fue lacónico e inquisidor. Manuel María veía invadida su privacidad y su soledad, apreciados tesoros que guardaba en aquel lugar y que no quería que fuesen mancillados. En respuesta a ese corto e inamistoso encuentro, la reacción de Olegario sin embargo fue comprensiva, pues él también gozaba de aquel ambiente e igualmente hubiese reaccionado ante la posible invasión de su propia burbuja de soledad.

- Soy Olegario Cortez, Cortez con "Z" Paseaba por este lugar y me atrajo todo esto. Aquí se respira paz, tranquilidad y me siento alejado del bullicio urbano. No deseo, ni por un instante, alterar su entorno de quietud y serenidad.

Pasó por su mente aquella vieja expresión de la hoja seca que cae sobre el vaso rebosante de agua, pero que por lo ligero de su peso y su capacidad de flotación, no lo derrama. Es decir, estaba seguro de no derramar con su presencia la paz que allí se respiraba ni perturbar, aquel claustral ambiente. Sin embargo, con un dejo de molestia dijo:

- Si usted lo considera, me retiro inmediatamente.

Manuel inicialmente vio a Olegario como un joven invasor que atropelladamente acabaría con su tranquilidad, a la vez, le reflejaba seriedad y circunspección, por lo que supuso que se trataba de un hombre responsable y su intención no sería la de prostituir el tranquilo ambiente que allí se respiraba. No obstante y siempre manteniéndose en el lado de la duda, contestó:

- Mire joven, si usted viene con la intención que dejan ver sus palabras, es bienvenido.

A juzgar por el comportamiento sucesivo del anciano, aquellas mágicas palabras iniciales pronunciadas por Olegario, desmontaron la aridez inicial observada en el saludo. Parece que el anciano alfarero percibió en Olegario a un ser que como él, también amaba el silencio y la soledad. En aquel breve intercambio de palabras intervino además, la compatibilidad existente entre las dos personas. Aquella parquedad inicial se fue convirtiendo sucesivamente en amabilidad y afecto. Es de imaginar el sentimiento recíproco de aquellos hombres.

- Mi nombre es Manuel María Zandoval, Zandoval con "Z"

Por lo que veo hay una intromisión de zetas en nuestros apellidos, pero bueno, apartando ese detalle, le puedo decir que aquí me tiene a sus órdenes.

Así comenzó la amistad entre el anciano alfarero y el joven visitante, amistad que se extendió por mucho tiempo. Para

Olegario aquel hombre era como la tuna existente en el lugar. Ella está protegida por una coraza de espinas agresivas, pero que al traspasar esa barrera protectora, se llega a la dulzura de su fruto. Así era Manuel.

Fue insociable y hasta antipático al principio, pero después, una vez superada su empalizada defensora, se encontraba en él, un inmenso tesoro espiritual.

Fue sorprendente que junto al barro, Olegario encontrara la blancura. Olegario era un joven estudiante de unos dieciocho años de edad aproximadamente, la cual era casi quintuplicada por la de Manuel María. Era de contextura más bien delgada, tez blanca, pelo corto y estatura normal. Él y Manuel eran personas integrantes de dos generaciones de edades muy distantes entre sí, sin embargo, por extraña circunstancia se complementaban. Se podría decir que fue una amistad a primera vista. Se cruzaron varios comentarios. Manuel dejó saber que amaba la soledad y el silencio. Aclaró que se puede estar solo aun estando acompañado. Parece que comprendió en Olegario su misma inclinación, al extremo que suspendió su actividad alfarera, para enseñar al visitante las distintas partes del taller. Dijo que pasaba en aquel lugar la mayor parte de su tiempo y de su vida.

Cosa rara, a pesar de ser un hombre solitario y amante del silencio, sintió alegría por su soledad interrumpida. Realmente para él, con la llegada de Olegario, no hubo alteración del ambiente casi conventual existente en su refugio. Sintió que había encontrado a otro ser de igual inclinación. Es decir, descubrió que en su soledad no estaba solo.

A los dos lados de aquella enramada existían sendos patios amplios, ambos completamente planos y lisos, de piso terroso cubiertos de un fino polvillo arenoso que les imprimía un color blanquecino y evitaba la adherencia de las piezas que sobre ellos se colocaban para su preliminar secado. Ambos estaban cercados por setos vivos, de manera que patios, construcciones y todo lo allí existente, formaban una unidad que podría decirse, homenaje al silencio y al sosiego. Las nubes verían desde el cielo al conjunto fabril, como ave inmensa posada en el suelo con sus blancas alas extendidas.

En un extremo de aquel caney, aprovechando la inclinación del terreno, y en estructura independiente, estaba el horno donde se efectuaba la cocción de las piezas previamente secadas, las cuales eran colocadas en sus adentros con extrema delicadeza para no vulnerar su fragilidad primaria. La boca para alimentación de la leña combustible, por su posición, facilitaba sin riesgo, el atizamiento del fuego durante la operación de quema, como el anciano llamaba a la de cocción, la cual duraba varias horas.

Durante muchos días previos a la "quema", Manuel se dedicaba a recolectar en derredor la leña, alimento que dichas insaciables fauces infernales consumirían.

A pesar de su edad, Manuel se internaba en el reseco boscaje cercano de donde extraía y transportaba en pesados e incómodos haces, la chamiza que acumulaba en la cercanía del horno, con el doble propósito de almacenarla y desecar la poca humedad de savia, que aún tuviera.

Aquella tarde pues, fue el inicio de la amistad entre aquellos hombres, conversaron sobre distintos aspectos de sus vidas. Por razones obvias, muchos de Manuel por lo dilatado de su existencia y pocos de Olegario quien apenas la iniciaba. Este último estaba maravillado de lo que hasta el momento había descubierto, tanto de aquel anciano como conocedor de muchos lados de la vida, como de aquella precaria, pero sin saber porqué, acogedora construcción.

Manuel explicó de modo superficial, el proceso de fabricación que se realizaba en aquella artesanal industria. Quiso, aunque de manera somera, describir los distintos pasos que él desarrollaba. Señalando con el dedo índice de su mano derecha hacia un lugar situado más allá del límite del conjunto fabril, dijo que de allí extraía la arcilla para alimentar la tejería donde había suficiente tierra arcillosa para mantenerla por mucho tiempo en las actuales condiciones de operación. De manera rudimentaria, él arrancaba la arcilla de aquel lugar, la transportaba con su carretón hacia uno de los patios laterales, donde después de destruir los terrones, era cernida para eliminar piedras indeseables. Superada esa etapa, la vertía en el tanque donde se le iba agregando agua y se apisonaba con los pies, hasta que se lograba la humedad y uniformidad óptimas para ser utilizada. Después, antes de su manipulación final, la dejaba reposar por varias horas, período de descanso considerado por él, muy importante.

Entre tantas actividades explicadas por Manuel, llamó la atención de Olegario la forma de realizar el secado previo de las piezas elaboradas, por lo que preguntó:

- ¿La lluvia no daña a las piezas alfareras que para su secado preliminar son colocadas a cielo abierto en los patios laterales?

- Muy rara vez joven. Casi nunca durante el corto proceso de secado ha aparecido la lluvia. Yo me sigo por las Cabañuelas, en cuanto a la predicción del estado del tiempo y rara vez he confrontado dificultad.

¿Qué es eso de Cabañuelas? Preguntó Olegario.

- Es una predicción práctica del estado del tiempo -explicó Manuel- que por tradición se ha mantenido desde mis abuelos. Según ellas, las condiciones del clima y las lluvias de cada día de los primeros doce del año, indican como lo serán en los doce meses siguientes. Por ejemplo, si el día siete de Enero llueve, quiere decir que el mes de Julio será lluvioso. Inclusive el momento en que se produzca la lluvia en el día de Enero, indica en forma aproximada él de la de Julio. Bueno, en esto hay mucho de mi apreciación personal. Esta tradición yo la interpreto a mi manera y la aplico según mi experiencia.

La tarde transcurrió tranquilamente. Durante ella, Olegario se dedicó a preguntar por las distintas herramientas y aparejos, todos de aspecto terroso, que alcanzó a ver dentro del ordenado desorden que Manuel tenía en su lugar de trabajo. Llegada la hora de la despedida, dado que la oscuridad de la noche se acercaba, Olegario manifestó el deseo de ausentarse.

- Don Manuel, ha sido para mí un gran placer conocerlo y saber de sus sentimientos.

La despedida del anciano, todavía con los pies llenos de barro, fue la siguiente:

- Espero que su estancia aquí en mi refugio haya sido agradable. Cuando lo desee vuelva por aquí, le aseguro que encontrará a un amigo, que como usted, es un prófugo del bullicio.

Olegario quedó prendado de aquel anciano y del conjunto de precarias construcciones de las que emanaba tranquilidad. Transcurrieron con normalidad los días de la semana. Olegario tenía para sí la satisfacción de haber encontrado un refugio que llenara su alma eremítica. El sábado siguiente volvió a aquel lugar que generaba en él, gran atractivo. Como en la semana anterior, encontró al anciano alfarero, ahora manipulando el barro que, previa y debidamente había acondicionado.

- Buenas tardes joven. Bienvenido a mi reducto. Me alegro de verlo nuevamente.

El visitante, ante aquel recibimiento, mostró también complacencia por la visita que estaba realizando.

- Gracias por sus palabras. Vengo a beber de la misma fuente suya, huyendo del rebullicio pueblerino, hoy exacerbado por unas fiestas cuyo motivo no conozco.

Aquel día se celebraban en el pueblo las festividades de la virgen de Lourdes. En la plaza había mucha gente, música, fuegos artificiales y en la mañana campanas del templo con repiques interminables y ensordecedores.

De una voluminosa masa de lodo preparada previamente, Manuel con sus callosas manos, tomaba un poco de aquel barro que luego introducía en  la gradilla, molde de piezas alfareras, de manera que aquella mezcla semi-seca y pastosa, pasaba de informe amasijo, a ser un adobe o una teja. Sobre una mesa de madera de rústica construcción, desarrollaba Manuel la actividad de modelar la tierra húmeda.

Vino a la mente de Olegario, la comparación de aquel procedimiento mediante el cual un puñado del arcilloso barro era transformado en briqueta, con lo que podía ocurrir con niños al someterlos al molde de la escuela. Dependiendo en gran parte de ese molde, sería el hombre futuro. Pensó en lo importante de la escuela. Si el molde era deficiente, lo sería también el adobe y si la escuela lo fuere, también lo sería el hombre de mañana. Por un momento quedó sumido en su pensamiento y vio la importancia del maestro, forjador de mentes virginales. Pensó en la necesidad de formar muy bien a muchos, pues ellos son la escuela y ellas son necesarias en gran cantidad.

Curiosamente Olegario, aunque desconocedor a ultranza del mensaje de Jesús al que Manuel en las conversaciones sostenidas tanto refería, era un "buen samaritano" pues con sus acciones, sin saberlo, era quizás mejor seguidor del mensaje de Jesús que muchos quienes se proclamaban como tales.

Pensaba que formar maestros era condición previa a la construcción de casas escolares. Por esto abrigaba la idea según la cual se debería comenzar por formar muchos, para lo cual era necesaria su preparación en conocimientos y destrezas, pero lo más importante que él veía, era en su formación moral. Por ello consideraba que era necesario un tamizado previo de los aspirantes donde la tela de criba fueran las condiciones morales que el postulante debía superar. Pensaba también en que, por lo delicado de esa profesión, debían disfrutar de los mejores ingresos. No debería oírse más aquella inocente pero lacerante frase de petición: "Deme un cargo, aunque sea de maestro".

Por largo rato y en silencio, el tema continuó circunvalando su mente. Contemplaba la operación que el anciano con destreza realizaba. Las unidades eran producidas una a una y colocadas seguidamente y de manera ordenada, en uno de los patios laterales de secado.

Manuel interrumpió su trabajo y dijo:

- Joven, quiero enseñarle el rincón donde tengo los encuentros con mis libros, algo que no mostré la vez anterior.

Ambos se trasladaron al otro extremo del caney, lado opuesto al del horno. Era un lugar cerrado por tablas de distintas dimensiones, viguetas y hasta tela de cáñamo. Allí tenía una tabla que hacía las veces de escritorio sobre la cual había algunos papeles y varios libros, la Biblia centrando el grupo de ellos. Todos ordenadamente colocados ocupaban una parte de la mesa. Entre los otros libros resaltaba un ejemplar de El Quijote, otro de El Mio Cid y La Vida es Sueño de Calderón, todos con el sello que el manoseo terroso propio del lugar, les imprimía. Aquel rincón era como deben ser los templos, lugar de recogimiento. Para Olegario era encantador.

- Don Manuel aquí, por lo que veo, tiene usted su retiro espiritual.

La respuesta del ermitaño fue la siguiente:

-Aquí paso casi todo el día Domingo. Durante ese día no trabajo, considero que para eso dispongo de los otros seis. Así que lo dedico a leer y a reflexionar. Fundamentalmente leo la Biblia y concentro mi atención en los Evangelios, concretamente en el escrito por Mateo, quien es mi evangelista favorito. Es mi preferido, entre otras cosas, porque fue como Juan, apóstol de Jesús y conocía de viva voz su mensaje. Aunque es mi predilecto, reconozco que los otros tres tratan aspectos que para mí, son de mucho interés. Algunas materias son tratadas por unos y no por los otros, lo cual obliga a tener una visión de todos. En algunos momentos durante la semana interrumpo mi trabajo y vengo aquí para buscar respuesta a las preguntas que surgen en mi mente. Muchas veces por mi rudimentaria preparación no las encuentro, sin embargo, estoy seguro de su existencia en alguna parte dentro de ese voluminoso y milenario libro.

Olegario nunca ha tenido la curiosidad de leer la Biblia y cuando por azar ha llegado a sus manos algún texto bíblico, en la mayoría de los casos, no lo ha entendido ni ha manifestado interés por comprenderlo. Sobretodo cuando se trata de profetas y otros personajes que aparecen en los textos sagrados del Antiguo Testamento. Su inclinación era a la tranquilidad, a la paz y al silencio, no al mensaje de Jesús, del cual confesaba que no era de su interés, aunque respetaba a quienes confiaban en él. Consideraba que tenía muchas cosas en que fijar su atención, situaciones que ocupaban totalmente su mente, no dejando espacio para lecturas espirituales y similares.

No criticó la actitud de asceta de aquel hombre, pero en absoluto la compartía. Él era, se podría decir, un analfabeta en materia religiosa. Se le veía en actos piadosos, sólo en Semana Santa y en alguna que otra oportunidad eclesiástica, cosa que estrictamente hacía como actividad que la sociedad demandaba. De manera que, en esto, Manuel y Olegario diferían totalmente.

Con desbordante emoción Manuel presentó al joven visitante todos los detalles de su recóndito reducto. Aquella buhardilla era, por así decirlo, el corazón de su ámbito más profundo.

- Mire joven, le aseguro que, si usted profundiza en las enseñanzas de Jesús El Nazareno, quedará prendado de su doctrina.

Todavía no se sabe cuál fue la razón por la cual Manuel pronunció esa frase premonitoria. Dicho esto, invitó a su amigo visitante a volver a su zona de trabajo para continuar su actividad transformadora del barro.

Una pequeña mariposa imaginaria se posó suavemente sobre la mente de Olegario. Se generó en él la pregunta del porqué aquel hombre de carácter solitario que disponía de todo el día para solear sus pensamientos, tenía debilidad por el mensaje de Jesús, mientras que para él esa enseñanza, era totalmente desconocida y no le generaba ninguna preocupación en conocer. Bueno sublevándose a aquel travieso pensamiento, Olegario ahuyentó a la intrusa mariposa y para borrar la idea por ella depositada, concentró su atención en la operación alfarera que en aquel momento presenciaba. Con el objeto de disipar la inquietud introducida en su vuelo por aquel extraño, imaginario y diminuto insecto, formuló varias preguntas relativas al proceso de elaboración de los ladrillos.

Por mucho esfuerzo que hizo en borrar de su mente aquella entrometida idea, no logró desterrarla por completo de su pensamiento. Por momentos lo hacía verse a sí mismo, como un ser desconocido. Algo más que simple curiosidad le aleteaba en su cerebro y lo inducía a caminar por senderos hasta el momento, para él desconocidos. No pudo despedirse aquella tarde sin preguntarle a aquel hombre el por qué leía tanto la Biblia, cosa que supuso al ver ese milenario texto en el centro de su mesa de lectura.

- Don Manuel, dígame qué representa para usted la lectura de la Biblia.

La respuesta del anciano, sin interrumpir la labor de modelar la tierra bruta, actividad que como se dijo, desempeñaba con habilidad, fue la siguiente:

- Mire joven, en ella está fundida la experiencia de Dios. Sobretodo en el Nuevo Testamento, donde está algo así como el compendio del mensaje de Jesús.

Las palabras del alfarero fueron entendidas parcialmente por Olegario, pues él no dominaba los términos relativos a ese libro, por lo que preguntó:

- ¿Qué es eso de Nuevo Testamento, se trata de otro libro?

- No joven. La Biblia es una sola unidad, aunque está integrada por más de setenta libros. La aparición de Jesús la divide en dos partes, en antes y después, o sea en Antiguo y Nuevo Testamento. En el Nuevo Testamento, por el que usted pregunta, está escrito el mensaje de Jesús, que como creo haber dicho, está desarrollado en, además de otros libros bíblicos, por los evangelistas que son cuatro: Mateo, mi favorito, Marcos, Lucas y Juan.

- Cuál es el mensaje de Jesús.? Preguntó Olegario.

- Ese mensaje lo podrá conocer usted, si lee esos libros. Su esencia es el amor, se podría resumir en una sola frase: Haz con tu hermano lo que quieres para ti. Si quieres disfrutar de un buen tratamiento, haz lo mismo con tu hermano. Ese es el principio básico que predicó Jesús El Nazareno durante su vida terrena.

- ¿Por qué lo llaman Nazareno? Interrumpió nuevamente Olegario.

- Porque vivió en Nazaret, pequeño pueblo de Palestina situado al Suroeste del mar de Tiberíades o mar de Galilea.

Manuel hizo gala de sus conocimientos bíblicos, los cuales eran totalmente desconocidos para Olegario.

Mire, Palestina es una región situada allá en el extremo Este del mar Mediterráneo, un poco desprendida hacia el Sur, hacia la esquina donde se asoma Egipto.

En tiempos anteriores a los de Jesús, fue incorporada a la provincia romana, es decir, formó parte del vasto imperio que tenía su centro en Roma.

Queriendo explicar mejor lo que hablaba, se dirigió a su lugar de lectura dominical y extrajo de una repisa, un papel enrollado que guardaba en ella. Aquella ménsula era el archivo de su pequeño estudio, estaba adherida a dos de las viguetas que eran parte de la "pared" limitante de su rincón de lectura. En una hoja de papel estaba dibujado el croquis del territorio donde Jesús sembró su mensaje. El río Jordán, el de las aguas bautismales de Jesús, estaba trazado como hilo fluvial vertical, que parecía derramar de Norte a Sur, a las aguas rebosantes que recogía del mar de Galilea, de situación septentrional y las vertía sobre el otro mar, el casi subterráneo mar Muerto, que en el croquis de Manuel, estaba dibujado hacia su borde inferior. A la izquierda se apreciaba el perfil de la costa mediterránea.

El nombre de ciudades y lugares más importantes según Manuel, como Samaria, Nazaret, Belén, Jericó y otros, estaban escritos con caligrafía temblorosa de niño principiante, con letras disparejas y alineación desordenada, unas verticales, otras oblicuas, etc. Era tal el desorden que hasta horizontales había. Manuel mostraba su esquema con orgullo y haciendo gala de un cierto humor fino, decía que para él, éste podía compararse con los pergaminos hallados en las cercanías del mar Muerto. Olegario contemplaba aquel conjunto de rayas y nombres, sin mostrar mucho interés en detallar la información bíblica que de allí se derivaba. Manuel, después de señalar los diferentes puntos expresados en el "mapa," comentó:

- A mí me es difícil seguir cualquier explicación y en este caso, la vida de Jesús, sin plasmar la geografía de la tierra donde Él predicó su mensaje. Por ejemplo cuando se menciona Cafarnaún o cualquier otro lugar, a mí me gusta saber donde está situada esa ciudad o determinado sitio. Igualmente me sucede con los otros lugares que cita El Evangelio.

Se hizo un breve silencio mientras Manuel recapitulaba y volvía a lo que inicialmente era la conversación.

Superada la pausa continuó la explicación, diciendo:

Pues bien, continuando con lo anterior, el gobernador de aquellas tierras en tiempos del nacimiento de Jesús, fue Herodes llamado El Grande, quien ordenó una matanza de todos los niños menores de dos años, para de manera segura, eliminar al que anunciaban como futuro rey, quien según él, sería su competidor. José, padre de Jesús, fue avisado por Dios de tal situación, para que desalojara a la ciudad de Belén, donde había nacido el niño Dios, viajara a Egipto y así evitar la matanza. La divina familia emprendió la marcha hacia el lugar seguro, tal como le había sido recomendado.

Años después murió el tirano asesino y José fue avisado de la misma manera, para que con su familia regresara a Palestina. El gobernador en aquel momento era Herodes

Antipas, hijo del sátrapa desaparecido. Éste fue gobernador por mucho tiempo, lo fue aún cuando ocurrió la crucifixión y muerte de Jesús.

Aquí vale comentar acerca del tamaño de la región donde Jesús difundió su mensaje. Yo creo que ese territorio tuvo menos de trescientos kilómetros de largo por un máximo de cien de ancho. Sin embargo, siendo un mensaje emitido en uno de tan exiguo tamaño en comparación con el Mundo, hoy a casi dos mil años se ha extendido por toda la tierra, de tal manera que, como usted ve, hasta lo comentamos aquí en esta alfarería.

El anciano hablaba de estas cosas sin desatender su labor alfarera, la cual continuaba desarrollando con desenvoltura. Para Olegario, los conocimientos de aquel hombre en esta materia, comparados con los propios, eran muy amplios. Para él eran el resultado de una búsqueda casi enfermiza de saber sobre los acontecimientos del amanecer cristiano, asunto totalmente ignorado, pues nunca se había preocupado de explorar esos desconocidos caminos.

Las manos de Manuel una y otra vez se introducían en la voluminosa e informe masa pantanosa de aquel barro que posaba sobre un carretón colocado convenientemente a su lado. El puñado de barro extraído en cada manoteada, era colocado y apretado dentro del molde hacedor de piezas alfareras. Cuidadosamente después, le alisaba la superficie utilizando para ello un pequeño trozo de madera que apoyado en los bordes del molde lo desplazaba como rasero, para eliminar la cantidad de barro en exceso y detectar aquellas que por defecto requerían su corrección. El resultado de esa operación era el producto terminado, al cual y al final, le imprimía en su superficie, la presencia de sus dedos, dejando en cada pieza elaborada, una especie de marca de manufactura.

Manuel continuó explicando lo que él había leído de la infancia de Jesús

- Cuando José, padre de Jesús, fue avisado de la muerte de Herodes, regresó como le dije a Palestina, pero no a Belén de Judea de donde había partido originalmente, sino a Nazaret de Galilea, donde se estableció con su familia. Allí el hombre Dios, ya joven al momento, trabajó como ayudante en la carpintería de su padre. Imagínese que privilegio el de José, tener de ayudante al mismo Dios.

Una cosa que no le dije antes, es lo relativo al origen de Jesús en cuanto al sitio de su nacimiento. Como hablamos antes nació en Belén, ciudad de Judea. Es decir, esa circunstancia le otorgó la categoría de judío, o sea Él era judío. Usted dirá que porqué los judíos lo crucificaron si era de su mismo origen

La explicación está dada en que Él enseñaba un mensaje nuevo que tenía en primer lugar al hombre, mientras que los dirigentes judíos tenían a la ley por encima del hombre.

Ahora bien, siendo Jesús un hombre portador de un mensaje nuevo y poseedor de poderes divinos, estaba cautivando a la gente que en volumen cada vez mayor, lo seguía, disminuyendo por otro lado, al grupo de personas que estaba bajo el régimen de los gobernantes judíos. Esa razón como usted ve, hizo que los judíos amantes de la ley, al Maestro lo llevaran a los brazos implacables de la Cruz.

Olegario oyó con atención el relato, quedó pensativo y por un momento, se retiró hacia su fuero interno. No se sabe que pasó, pero aquella diminuta, misteriosa e imaginaria mariposa continuaba revoloteando en su mente y le abría la curiosidad por saber más acerca de la, para él enigmática, idea del mensaje de Jesús. Otra vez trató de acallar su inquietud y para convencerse a sí mismo se dijo que aquella inquietud era simple curiosidad de conocer la historia, no de profundizar en el mensaje como tal, que él se resistía a conocer.

Así transcurrió la tarde. Olegario estuvo envuelto en una profunda contradicción, pues la realidad que estaba confrontando no tenía nada que ver con lo superficial y pragmática vida que hasta ahora llevaba.

Lo avanzado de la tarde lo obligó a abandonar aquel lugar que encerraba para él, una cada vez mayor y fuerte atracción, igual que de admiración hacia el hombre de vida recoleta. Con él iba también su pequeña, inquietante y ya casi compañera crisálida, cuyas visitas a lo más profundo de su ser, cada vez más frecuentes, se hacían.

La semana de Olegario, transcurrió normalmente como siempre en los bancos del liceo, sin embargo, iba "in crescendo" su deseo de volver a aquel lugar y oír las palabras del hombre en él refugiado. Aumentaba su inquietud por conocer el mensaje de Jesús, fuego que sin mucho éxito, trataba de apagar.

El sábado siguiente, Olegario llegó un tanto más temprano a su esperada cita semanal. Encontró a Manuel con el torso desnudo y sin calzado, continuaba su cotidiana actividad que interrumpió momentáneamente para darle bienvenida. Los músculos torácicos de aquel hombre aparecían aplastados a su pecho y los de sus brazos mostraban una danza de biceps y triceps, eran como cuerdas tensas que bailoteaban en derredor de la extremidad, en intermitentes estiramientos y contracciones.

Después de saludar y realizar algunos comentarios del momento, Manuel manifestó que la semana que concluía y la próxima serían de intensa actividad, pues debía cumplir con un compromiso de pedido de ladrillos. Por ello y sin pérdida de tiempo, volvió a su tarea de continuar la producción para completar la cantidad demandada, la cual después debía ser sometida a cocción.

La operación de cocimiento o quema, como él a ella se refería, era efectuada de tal manera que ocupaba toda la actividad de la alfarería, es decir, era exclusiva, mientras ésta se realizaba, todas las otras se paralizaban. La acción duraba más de un día y requería la total atención de Manuel, quien continuamente debía suministrar leña al horno a través de su tragadero, a fin de mantenerlo debidamente encendido. Por esa razón, Manuel previamente acumulaba leña y chamiza en la cercanía de la embocadura del fogón.

En aquella época no se realizaba ningún control de la temperatura, se suponía que la suministrada por la combustión de aquel alimento vegetal, era suficiente. Y así era, las piezas sometidas a cocción adquirían un color rojizo y casi vidriosa contextura, al extremo que en el caso de las tejas por ejemplo, vibraban con "diapasónico" sonido, al golpearlas suavemente con una pieza metálica.

Era importante la posición que dentro del horno debían ocupar las piezas a cocer. Tanto los ladrillos como las tejas eran colocados dejando una separación entre ellos para permitir el paso de la ráfaga de calor que lamía su superficie y realizaba su cocción. Las tejas se emplazaban en posición vertical.

Una vez llenado el horno con los elementos a cocer, se tapaba dejando los respiraderos correspondientes. El objeto de la tapa era mantener el calor y ser a la vez, receptora del hollín derivado de la combustión.

Sin desatender su fabril labor de moldear una y otra pieza y luego colocarlas cuidadosamente en el patio de secado, hizo el siguiente comentario producto de su intuición o de no se sabe qué.

- Mire joven, tengo la impresión y casi la seguridad de que la idea de conocer el mensaje de Jesús, ha sido de su interés. Lo invito a que inicie la lectura y estudio del Nuevo Testamento. Ello le calmará la sed y la curiosidad. Si usted quiere y puede, venga mañana domingo y con todo el tiempo disponible para nosotros, podremos realizar lecturas que seguro le agradarán.

Dada la intensa actividad de aquella unipersonal industria, quedaron de acuerdo en verse el día siguiente. Esa tarde concluyó sin mayores comentarios, Olegario dedicó el resto de ella a curiosear los distintos rincones arcillosos del taller y a observar el proceso repetitivo que Manuel María desarrollaba.

CAPÍTULO

3

• • •

# UN DOMINGO

Así, al día siguiente Domingo, Olegario llegó a aquel templo del silencio, paz y algo más. Encontró a su amigo vestido con traje dominguero, pantalones de dril y camisa, ambos blancos y hasta zapatos negros con algunos destellos de barro ya reseco. La sayal vestimenta, humilde pero limpia y bien planchada, daban a Manuel un aire diferente pero siempre cónsono con su personalidad. Dijo que había asistido, como todos los Domingos, a la Misa de las ocho, había confesado sus pecados y había comulgado en ella.

Olegario iba penetrando un bosque imaginario de conocimientos, de vegetación desconocida para él. A cada paso tropezaba con arbustos que nunca antes había visto pero que le llamaban la atención. Como quien va de sorpresa en sorpresa, hizo una pregunta con la que se inició el diálogo de carácter medio docente.

- ¿Don Manuel, por qué usted asiste a Misa y es más, comulga en ella? ¿Qué le proporciona esa práctica?

Olegario planteó la pregunta pensando para sí, en que Manuel era un iluso al creer que con tal práctica ganaría después de su muerte, un lugar privilegiado en el más allá. En resumen pensó que Manuel era un crédulo y en el fondo un viejo cándido y soñador que había tomado su viejera por ese camino. Todo eso sin vulnerar el respeto y la admiración que por él sentía. Conjuntamente y en contraposición con ese pensamiento, también se preguntaba a sí mismo, ¿Por qué siendo un hombre de lectura, tenía esa flaqueza? Veía como incompatible una cosa con la otra, sin embargo, se limitó a oír la respuesta.

- Mire joven, cuando uno pisa terrenos que antes parecían lejanos, y ve que el final de sus momentos en este mundo puede estar cercano, gira la mirada hacia Dios. Después de transitar el largo camino de la vida y haber cubierto esa etapa, obligatoriamente trata de adecuarse para ese segundo tramo desconocido de la existencia, que para nosotros los cristianos es la vida eterna, la cual será de dicha o dolor, según haya sido el comportamiento en ésta.

Uno busca desesperadamente a Dios porque sabe que más temprano que tarde se encontrará con Él. Esa idea, por lejana, no la tienen los jóvenes, yo, por ejemplo, no la tuve y le aseguro que usted no la tiene. Se piensa que ese distante momento final, nunca vendrá. Es más, esa inquietud no se tiene. Ahora en el atardecer de la vida uno se percata en que Dios es el único asidero al que acceder. Es más, uno llega a la conclusión mediante la cual se percata de lo que es ser cristiano, a lo cual sólo se llega cuando ves a Cristo en cada persona que tienes ante ti.

A pesar de lo intenso de los rayos de sol, el calor exterior no se transmitía al interior de aquella enramada, en la cual la temperatura se mantenía fresca, posiblemente por ser un ambiente sin paredes donde la brisa corría libremente sin obstáculos.

En aquel día de descanso el proceso de elaboración que con tanto ahínco se venía realizando durante la semana que concluía, estaba paralizado. Todavía había una masa importante de barro inerme, colocada al lado de la mesa de trabajo, para quien no alcanzó la manipulación transformadora del día anterior y quedó esperando a esa moldeadora mano, hasta la próxima oportunidad. El escantillón y todos los aparejos utilizados en la fabricación, posaban inmóviles y ordenadamente colocados, aguardando ser utilizados en la siguiente jornada semanal. Aunque todos los utensilios habían sido limpiados al final del día anterior, dejaban ver algunas muestras ya casi secas del barro, que en la diaria operación los confrontaba.

- Cuando se es joven como lo es usted, no se piensa en esa segunda etapa. - Dijo Manuel - Se la considera como algo muy remoto, es más como le dije antes, ni siquiera se le tiene en cuenta.

Ahora siento que, por ley natural, ese momento llegará algún día y debo estar preparado para ello. En mi caso particular, lo único que llevo para ese encuentro de examen final, son las pocas buenas obras que he realizado durante mi vida. Es posible que, en parte, mi tendencia al silencio se deba a que ella me permite reflexionar sobre mi vida y mi comportamiento con los que a lo largo de ella han interactuado conmigo. Yo diría que es el tiempo del perdón. Es el de hacer balance y no encontrar en la columna de los haberes a tantos ajetreos para mantener un nivel de vida. En esa columna sólo se encuentran, los buenos comportamientos mediante los cuales uno se ha proyectado beneficiando a los semejantes.

- Fíjese en esto joven, no soy un fanático participante en los actos religiosos, soy un hombre que, como pecador, busca el perdón de Dios. La Comunión que recibo dominicalmente no representa para mí algo que yo merezco. Me acerco a comulgar porque creo que allí está Jesús y lo hago con toda humildad, consciente de mi desmerecimiento de tal acercamiento. No lo hago en actitud de ofrendar a Dios el fruto de mis sacrificios o privaciones voluntarias, cosa que sería una necia travesura sin ningún sentido. Concibo la Comunión como un acto de petición y no de ofrenda. Dios no necesita nada de nosotros, él lo tiene todo. Somos los hombres los menesterosos, los que clamamos ante Él, por compasión. Aquí cabría la frase del poeta: "lo único que puedo yo ofrecerte es mi dolor."

Siempre hay quien piensa equivocadamente en que el acercarse a la mesa del Señor, es considerarse a sí mismo militante del bando de los buenos. Merecedor de la misericordia de Dios. Esta apreciación no es cierta. Todo lo contrario, la realidad es que uno se acerca a ella con la convicción de ser un indigno pecador, que busca con toda la humildad, como la del publicano agradecido que narra el Evangelio, el auxilio del Señor.

Para Olegario todo aquello que oía, era algo nuevo nunca antes escuchado. Eran tantas las expresiones desconocidas que prefería no interrumpir las palabras de Manuel, confiando en que, al leer Los Evangelios, encontraría respuesta a tantas y tantas preguntas e inquietudes, que le surgían al percibir lo dicho por el anciano. Su admiración por aquel hombre crecía y también lo hacía su inquietud por adentrarse en aquel bosque de vegetación intrincada, representado por el mensaje de Jesús, donde nunca había penetrado y hasta ese momento ignorado.

-Yo me considero un pecador y un indigno de recibir a Dios, dijo Manuel María - lo hago como le dije, buscando su misericordia que, por ser grandiosa, espero alcance un poco para mí. Es muy posible joven, que usted no encuentre en mis palabras el sentido de lo que yo afirmo. Eso no lo critico, pues a su edad no es fácil encontrar explicación de la actitud de nosotros los viejos. Cuando pase el tiempo y usted gire su mirada hacia atrás, encontrará sentido a lo que hoy le digo.

Mientras conversaba invitó, con gesto corporal, a Olegario para entrar en el rincón de la lectura, como él lo llamaba, para iniciar su paseo por el vasto paisaje que dibuja el Nuevo Testamento. Le ofreció una silla en la cual se notaba la pulitura del asiento por su continuo uso, mientras él tomaba como asiento un cajón destartalado existente en un rincón del cuartucho de las luces.

- Joven tome usted la silleta usada por mí en mis ratos de lectura.

Una vez instalados dentro del corazón de aquel refugio, Manuel María tomó la palabra orientadora, abrió el milenario volumen, fue directamente al Evangelio de Mateo, preferido por él, y dijo:

- Mire joven lo que nos dice Jesús. Somos la luz del mundo y no se enciende una lámpara con el fin de colocarla debajo de un recipiente, sino para ponerla encima del candelero para que alumbre a todos los demás y se vean las obras buenas.

- Don Manuel, -interrumpió Olegario-, ¿qué quiso decir Jesús con eso de la luz y el candelero?

- El mensaje contenido en él, contestó Manuel, - es que los que son luz, es decir, los que cumplen con sus mandatos, deben propagar con el ejemplo sus buenas actuaciones a todos los demás para que éstas sirvan de patrón. Es deber proyectar las obras buenas, no como propaganda personal, sino como fuente de inspiración para que otros las realicen.

Ese comentario fue emitido por Manuel como inicio de lo que sería la conversación durante ese día.

La vegetación circundante era de un color verde quemado a excepción de la que tenían las plantas cercanas a una pequeña laguna situada en la parte más baja del terreno, proveedora del agua necesaria para aderezar la greda, materia primera de los productos alfareros. Los árboles cercanos a ese reservorio de agua mostraban un verde brillante con el que reflejaban vida saludable por serle fácil la disolución de sus alimentos subterráneos.

En la continuación de la conversación, Manuel hizo el siguiente comentario:

- Joven, si usted continúa leyendo el texto de Mateo y los otros evangelistas, encontrará muchas afirmaciones dichas por Jesús que forman parte de su mensaje. Fíjese, hace énfasis en que se debe amar al enemigo y ser manso ante su agresión. Es bueno tener claro que el ser manso ante el enemigo, no quiere decir que se tiene que aparecer inerme ante una agresión o cuando alguien rebasa conscientemente los límites de la propia tranquilidad o la de otro. En ese caso es, no sólo permitido sino obligatorio, actuar contra el provocador. En el Antiguo Testamento existen varias oportunidades donde Dios actúa contra pueblos enemigos. Jesús también nos dio ejemplo de ello cuando desalojó a los mercaderes del templo, pasaje que usted verá más adelante, si continúa esta lectura.

Se refiere además, a la oración y al ayuno, buenas acciones que deben ser realizadas en anonimato, es decir que nadie sino Dios, se entere de ello. Habla también de la creación del Padre Nuestro, oración sublime que Jesús nos dejó a nosotros los hombres y que resume, si se quiere, su mensaje. Por cierto, joven, yo veo que en esta oración Él señala al perdón de manera especial. Para mí esa mención es como un mandamiento adicional a los establecidos en el Decálogo. Fíjese que en ella primero se hace un reconocimiento al Padre, luego se eleva una serie de peticiones y sólo cuando se refiere al perdón es cuando nos compromete al decir "así como nosotros perdonamos." Es decir, nos obliga a perdonar si queremos obtener de Él, su compasión.

Olegario oyó el parecer de Manuel pero no lo entendió. Prefirió continuar con  sus preguntas cuyas respuestas respondían a sus inquietudes.

- Don Manuel que es el ayuno en términos del Evangelio. Yo lo entiendo como la falta de ingerir alimentos en la mañana, después de levantarse. No sé en que eso puede beneficiar a Dios.

Manuel miró fijamente a Olegario y guardó unos segundos de silencio antes de responder. Durante ese breve paréntesis pensó en que esa misma pregunta se la harían muchos, inclusive personas de religiosidad reconocida, creyendo que con ello se brindaba un beneficio a Dios.

- Joven, la idea del ayuno que usted tiene, es la que tenemos todos. Sin embargo, lo que encierra el concepto de ayuno desde el punto de vista evangélico es que este sacrificio, observado de manera espontánea, ejerce el beneficio en quien lo practica porque robustece su voluntad y lo hace más fuerte para luchar contra los desvíos que siempre están al acecho. O sea, el provecho es totalmente para quien lo lleva a cabo.

Ahora bien, a mí me parece que lo fundamental que se extrae del mensaje de Jesús, son las buenas obras, pues ellas constituyen la máxima expresión de la actuación humana, es decir, porque ellas se expresan en favor del hermano. Fíjese en la importancia de las obras sobre los sacrificios, Jesús enseña que estos son buenos en la medida en que favorezcan al prójimo. Por eso muy poco hacen algunos auto-castigos en proporcionar el bien al prójimo, quien según las enseñanzas de Jesús, debería ser el verdadero receptor del amor que se proyecte.

Al seguir leyendo El Evangelio, continuó hablando el ermitaño:

-Verá usted, cuando lea estos textos, los distintos actos milagrosos de Jesús; curó enfermos, resucitó muertos, liberó endemoniados, calmó las aguas embravecidas del mar de Galilea, proporcionó pan a una multitud, es decir, realizó infinidad de acciones que demuestran su poder como Dios. También refleja que vino al mundo como delegado de El Padre para explicar su mensaje.

En un momento, pareciera que Manuel se desprendió del hilo de la conversación que traía con Olegario y comenzó de una manera casi desenfrenada, con una disquisición producto de su imaginación y de su pensamiento.

Olegario observó aquello y lo interpretó como una suerte de levitación espiritual de Manuel, pues sintió que se escapaba de aquel lugar y de aquel momento.

Los conocimientos de Olegario eran sumamente débiles en materia evangélica, pues apenas se iniciaba en su lectura, razón por la cual no supo definir aquella situación.

Manuel dijo que en la medida que avanzaba en esas lecturas, le asaltaban más preguntas. En un momento de apreciable angustia, expresó que según sus débiles conocimientos, Jesús es un misterio del cual casi se podría decir, que no conoce nada, se presentaba para él como un hombre enigmático, algunas veces indescifrable y de acciones impredecibles, de tal manera que hasta sus discípulos en algún momento parecían no conocerlo, a pesar de haber estado con él durante casi todo el período de su vida pública.

Fíjese joven, cuando usted lea los Evangelios, algunas veces le parecerá que Jesús es indiferente y hasta indolente ante la necesidad del prójimo. Lo verá por ejemplo, cuando encuentra a una mujer cananea quien implora por la curación de su hija y Él dice que no fue enviado sino a las ovejas descarriadas de la casa de Israel. Igualmente ocurre cuando, siendo invitado a las bodas celebradas en Caná, manifiesta a María su madre, indiferencia por el agotamiento del vino. En contraste con lo anterior, se muestra después afectuoso con la mujer implorante de Caná y cura a su hija.

Igualmente, en las bodas donde se había manifestado displicente, convierte el agua en vino con lo cual, además de resolver la situación de los agasajantes, complace a su madre, dejando de lado el plan establecido para su venida a este mundo. ¡Fíjese!, ¡Que expresión de amor tan grande! Observe con detenimiento cuando lea ese pasaje del Evangelio, allí claramente se ve lo grande de María. Lo primero que se observa, lo que salta a la vista, es la existencia del poder de Jesús por transformar el agua en vino. Hasta allí lo más obvio, pero si se profundiza un poco más, también usted puede ver la expresión de amor que Él refleja hacia su madre, alterando su tiempo, yo diría cambiando sus planes, para complacerla. Esta actuación nos indica la importancia con la que debemos ver a la madre de Dios. Nos permite apreciar la posibilidad que Ella nos ofrece de llegar a Dios, a través de sus caminos. En estas dos oportunidades usted verá, por una parte, la aparente indolencia y por la otra, la gran manifestación de amor. Es decir, se puede concluir en que tal insensibilidad no existe. Esa prueba de amor de Jesús la podrá apreciar también en muchas otras oportunidades.

Por ejemplo, cuando curó al paralítico de la piscina, cuando devuelve la vista a Bartimeo o cuando realiza la multiplicación de los panes para alimentar a sus seguidores. De la misma manera existen otros milagros que son manifestación de ese amor infinito. Por otro lado, también adopta una actitud violenta y agresiva cuando desaloja a los mercaderes del templo. En fin, usted podrá observar en Él, las más opuestas actitudes que van desde la profunda expresión de amor cuando resucita al hijo de la viuda de Naim, hasta la dureza mostrada a los comerciantes instalados en la casa de su Padre. En algunas oportunidades he observado en Él, actitudes aparentemente contradictorias, pero que al analizarlas no lo son.

Manuel había encontrado varias veces en el mensaje de Jesús, actitudes que a él le parecían contradictorias y que, para su comprensión, hubo de repasar varias veces las lecturas evangélicas, lo cual hizo utilizando los pobres y únicos instrumentos que tenía. En algunas oportunidades logró encontrar el mensaje que se derramaba de las páginas evangélicas, pero en otras, no pudo extraer de ellas, su enseñanza.

Encontrará pasajes que a primera vista no entenderá, por lo que requerirá repasarlos y meditarlos una y otra vez o consultarlos a personas de más preparación en estos temas evangélicos.

En mi caso he hecho lo posible, aunque con mis flacos conocimientos no siempre he logrado conocer el mensaje allí encerrado. Como ejemplo le refiero el caso en que Jesús considera bueno que María, la hermana de Lázaro, derrame sobre Él un costoso perfume, en vez de repartir su valor entre los pobres como enseña su mensaje, según el cual no se debe incurrir en gastos superfluos sin antes haber socorrido a quien a su lado en ese momento, lo necesite. Fíjese que inclusive, algunos de sus discípulos, quienes estuvieron a su lado durante mucho tiempo, no entendieron aquella situación, pues les parecía contradictoria.

La respuesta de Jesús para explicar el porqué era buena la actitud de María, fue la siguiente:  a los pobres se tendrían siempre y a Él, no.

Manuel hizo un paréntesis en su conversación y por breves segundos mantuvo silencio, se percibía como si dialogara consigo mismo. Pensaba en cuál habría sido su proceder si se hubiese encontrado en tal posición, es decir, tener ante sí el mismito Dios. La respuesta que él se dio a sí mismo, fue que no sólo hubiese derramado sobre Él, el perfume más caro que tuviera a su alcance, sino que además le hubiese entregado también su vida. Esa oportunidad además de hipotética, sería para él, grandiosa y única. Hay cosas que pueden hacerse siempre, como atender a los pobres y otras sólo una vez, cómo es estar junto a Jesús en su calidad humana.
Después del breve paréntesis, Manuel con un lenguaje que

dejaba ver el haber encontrado la respuesta de la aparente contradicción, dijo:

Realmente María hizo lo que cualquier ser humano hubiese hecho. La presencia de Jesús supera y opaca la de cualquier otra persona sea cual fuere su estado. La atención a Jesús es lo más importante y después está todo lo demás, incluidos los pobres, pues a éstos siempre estarán allí, mientras que a Jesús, en persona, no siempre se tendría.

Por lo que enseña ese pasaje del Evangelio y por muchas otras razones, Manuel dijo que le pedía diariamente a Dios, inteligencia para comprenderlo.

Para él se confirmaba su pensamiento en relación a que cada palabra tenía un contenido. Existía algo más, un algo que no era superficial en las páginas evangélicas, para que en ellas cupiera su enseñanza, la cual ha trascendido los tiempos, se acerca a los dos mil años y como se dijo antes, se ha extendido por todo el mundo.

Manuel María después de un nuevo paréntesis de silencio como si hubiese revuelto los distintos y contradictorios pensamientos existentes en su mente, intervino con voz pausada.

- Fíjese en esto joven, el mensaje de Jesús es integral. No

sólo se manifiesta en lo que Él dice sobre diferentes temas y situaciones, también es necesario tener en consideración, cuando lo dice, como lo dice y dónde lo dice. Una cosa que a primera vista se observa es que existen momentos en los que Él es protagonista y otros en los que las acciones se desarrollan dentro del campo de las parábolas que cita. A primera vista se ve que en tan corto tiempo, no era posible que Él emitiera todas sus enseñanzas como experiencia propia, razón por la cual acudió a las parábolas.

- Por ejemplo lo vemos actuar directamente cuando calma las aguas embravecidas o cuando cena con cobradores de impuesto y en parábolas, cuando compara a la casa edificada sobre roca, con la construida sobre terreno inestable o también en la que habla del sembrador, etc.

- Bueno - manifestó el anciano - estas son elucubraciones que yo me he hecho y que no tienen ningún carácter dogmático, no pierda de vista que yo soy un pobre viejo casi analfabeta que me he dedicado a leer la Biblia. Quizás por mi exigua preparación, al introducirme en ese insondable e infinito espacio sin tener alas para volar, no dudo que se haya producido en mí una cierta intoxicación de conocimientos y por la misma razón, no haber podido responder a las muchas preguntas generadas, por tales lecturas.

A manera de descanso interrumpieron aquel concilio que podría decirse evangélico y salieron al patio lateral que al momento estaba cubierto por centenares de ladrillos "deshumedecientes", colocados con perfecta ordenación en columnas de cuatro unidades y angosta separación entre ellas que sólo permitía el paso para eventual revisión. Era impresionante la rectitud de la colocación de aquellas inermes piezas, estaban como soldados en desfile militar.

Aprovechando que se mencionaba el tema de los hombres combatientes, Manuel se refirió a ellos diciendo lo que debían o no, ser.

Estos miembros de los grupos castrenses, a decir de Manuel, no sólo deben observar la rectitud en las paradas militares, sino que lo deben ser en todos los actos de sus vidas. Expresó que un militar, en el buen sentido de la palabra, debe ser viviente, no inerme como un adoquín y además estar dotado de una alta cuota de sensibilidad humana y honradez. Debe tener un alto sentido de la moral, la cual debe ser su guía en todos los actos de su vida, es decir, un hombre casi sobrenatural, un protector de las personas y sobre todo de los débiles. Nunca debe ir contra el pueblo de quien debe ser su garante ni debe ser protector de gobiernos oprobiosos. No debe caber en él la extorsión, no debe permitir ni mucho menos, ser beneficiario del soborno, es decir, no deben ser expresión de la maldad en cualquiera de sus facetas. Deben inspirar confianza a las personas, es decir que estar cerca de un militar debería hacer sentir que se está al lado de un amigo y protector. Así debe ser un verdadero militar.

Por el contrario, si no llena esas condiciones que lo definen como verdadero militar, es un ser despreciable, bandido y malhechor, peor que un integrante de la hez ordinaria porque está escondido detrás de un uniforme que inmerecidamente viste. Se diferenciaría del hampón común sólo en que, además de dotado de mejor armamento, esgrime su posible protección de superiores que de ser como él, merecen el mismo calificativo. Es decir, lo único recto que tendría, sería su posición en los desfiles.

Terminado el breve descanso y ya en el rincón de la lectura para continuar su excursión por esas profundas aguas evangélicas, Manuel dijo.

- Volviendo al hilo que traíamos en relación a lo misterioso de los designios de Dios, se puede decir que todo está envuelto en un enigma que los hombres tratamos de invadir con precarias herramientas y muy flacos resultados.

Para mí tienen vigencia las maravillosas palabras dichas por Jesús al apóstol Tomás, quien había manifestado no creer en el resucitado si no metía sus dedos en los orificios de los clavos y su mano en la herida de su costado.

- Don Manuel disculpe mi ignorancia. ¿Qué dijo Jesús en esa oportunidad. ?

- Bueno joven, Jesús después de haber satisfecho la incredulidad de ese apóstol, le dijo: "Crees por que has visto, dichosos los que creen sin haber visto"

- Mire joven, se podría decir que yo soy de los que creen sin haber visto, aunque en muchas oportunidades he sentido la presencia de Jesús y de manera inequívoca, su acción favorecedora. Ello aumenta en mí la necesidad de adentrarme más y más, en el ámbito de su misterio. Por ello me veo un tanto apartado de la estridencia del mundo. Me veo internado en el universo del silencio porque aquí puedo cernir todos los conocimientos relativos a Dios. Recuerde que por mi edad, como le dije antes, busco desesperadamente el camino que un día no muy lejano, me llevará a Él.

Llamaba la atención de Olegario la forma de hablar de aquel anciano. Lo hacía utilizando palabras sencillas, pero bien colocadas y con clara pronunciación. No usaba términos vulgares, su conversación se mantenía en un nivel elevado. El joven Olegario no se había imaginado antes el que la asidua lectura podía lograr en una persona, el aumento de los conocimientos gramaticales.

Terminado el descanso que marcaba el final de la pausa matutina, ambos hombres, que habían retornado al recoveco que casi podría ser llamado "oratorio" continuaron la incursión en los temas de la doctrina cristiana. Manuel otra vez tomó la palabra y continuó con su reflexión sobre los asuntos evangélicos.

- Como le decía antes joven, la vida pública de Jesús está plasmada en los Evangelios. La forma en que está hecha la narración obliga, según mi parecer, a su estudio para extraer medianamente las enseñanzas contenidas en aquel magisterio gigante y adoptar las normas de vida para nosotros los seres humanos. Para mí todas sus acciones y todo lo dicho por Él, tienen aplicación en la vida actual del hombre. No hay palabras ni gestos sobrantes ni de desecho, todos tienen una razón y requieren estudio para que al analizarlos se pueda extraer de ellos el mensaje que nos dejó aquel hombre de Nazaret. Un ejemplo de lo que digo y que pareciera contraproducente, lo podemos ver cuando Jesús se sienta a la mesa con publicanos y pecadores. Se reúne con publicanos, hombres mal vistos por ser cobradores de impuestos y exprimidores del pueblo, igualmente lo hace con una mujer Cananea y con una prostituta que estuvo a punto de ser apedreada, en fin, se mezcla con pecadores de las más diversas clases sin que la mancha del pecado de éstos, lo alcance.

Pero hay algo más, como efecto de esas reuniones, los rescata, no pueden resistirse a su mensaje, tal como ocurrió también con Zaqueo y con tantos otros. De allí se desprende a primera vista, que para Jesús todos los hombres son iguales y que todos merecen su amor. Ahora bien, si se ve un poco más, está diciendo que, si se es un hombre recto en los principios y la intención en un momento dado es rescatar a quien se desenvuelve por caminos torcidos, se puede tener reunión con cualquier malhechor sin que su inmundicia cause mancha alguna. Es decir, cuando la intención es rescatar a alguien que el tremedal devora, se puede descender al barro sin que éste ensucie el vestido. Esta situación no siempre es comprendida por quienes giran alrededor, pues siempre existen "escribas y fariseos" que no cesarán en criticar tal acción. Sólo aquellos que conocen la calidad de uno, confiarán en la invariabilidad y la integridad. Como puede usted ver, si lee y medita el contenido del Evangelio se dará cuenta que no emiten palabras que no conlleven enseñanzas.

Definitivamente Olegario sentía su inmersión dentro de aquel campo insondable. Mientras más oía de esa doctrina, extraña para él, aumentaba su curiosidad por conocerla. Permaneció callado ante lo que para él era aquel derroche de conocimientos expresados por Manuel. Confirmó que su apreciación inicial sobre el anciano, era correcta. Ese hombre era un ser diferente, pues sin ser poseedor de mayores conocimientos, se notaba en él una genuina búsqueda de la verdad, aunque para el joven Olegario, ello hasta el momento era casi inútil.

La hora del mediodía marcaba la del almuerzo, para el cual salieron del estudio hacia las áreas de trabajo, donde improvisaron mesa y asientos para consumir algunos alimentos proveídos por Manuel María. Hasta vino hubo en el almuerzo. Manuel tuvo la delicadeza de proveerlo, lo hizo en un odre viejo y manoseado, que aparentemente sólo utilizaba en ocasiones especiales. Dentro de la variedad de alimentos, había una cantidad significativa de pan, pues para Manuel el trigo era uno de los alimentos preferidos. Durante la comida se cruzaron algunos comentarios sin mayor importancia.

Afuera el sol en su cenital andanza, proyectaba su luz sobre el follaje de los árboles, desgranando brillantes y diminutos cristales en sus hojas, dando origen a un paisaje de infinitos espejuelos contornados con el verde moribundo de sus hojas.

Después del paréntesis alimenticio, el receso se prolongó por varios minutos, durante los cuales se continuaron variados comentarios, unos relacionados con la actividad industrial de la alfarería y otros vinculados con las enseñanzas contenidas en los sagrados libros.

Luego pasando nuevamente al bíblico cuartucho, se re-inició la lectura de los textos evangélicos. En esta oportunidad fue Olegario quien inició la conversación. Lo hizo con una pregunta como quien paulatinamente va encontrando la sorpresa de cosas nuevas. Preguntó sobre la confesión.

- Don Manuel, ¿Cómo es eso de la confesión? ¿De acuerdo a ella, una persona dice sus pecados a un sacerdote y éste le perdona y punto? ¿Es así de simple?

- Bueno joven, ciertamente es un acto aparentemente sencillo, pero conlleva algo muy importante que es el sincero arrepentimiento y la intención de luchar para no cometer la falta nuevamente, cosa que sólo Dios y el confesando conocen. Esos dos elementos constituyen condición indispensable para que la absolución sea efectiva. Como usted ve, cumplir con esos requisitos, en algunos casos, no es nada fácil.

- ¿Quién ha dado ese poder de perdonar al sacerdote? Interrumpió Olegario con una curiosidad que no pudo ocultar.

- La confesión - contestó Manuel - es un sacramento instituido por Jesús mediante el cual da poder a sus discípulos para perdonar los pecados. Primero le concede la potestad a Pedro, a quien señala como roca sobre la que edificará su iglesia. Le entrega las llaves del reino y le dice: - "Cuanto atares o desatares sobre la tierra, quedará atado o desatado en los

Cielos" Aquí se puede ver que sobre Pedro queda establecida la jefatura de la Iglesia.

Más adelante, refiriéndose a los apóstoles en general les dice: "a quienes perdonen o retengan los pecados, perdonados o retenidos les quedan" Observe que el pecado es una ofensa cometida por el hombre contra Dios y realmente es Él quien perdona. El sacerdote es el instrumento mediante el cual el Todopoderoso, emite el perdón. Hago énfasis en el arrepentimiento, porque sin él yo creo que la confesión no tiene validez, cosa que como le dije, sólo Dios y el pecador conocen.

Ahora fíjese en otra cosa. Si vemos esto desde el punto de vista estrictamente humano, sin tener en consideración el beneficio del perdón, al comunicar a otro la falta o sea al compartirla, ya el peso que gravita sobre uno se hace más liviano, se siente un alivio. Desde ese momento la totalidad de la carga no pesa sobre una sola persona.

Lo que Manuel acababa de decir era lo leído por él en los textos sagrados, sin embargo, tenía su propio parecer sobre este asunto del arrepentimiento, por lo cual continuó su explicación.

- Bueno joven, yo tengo mi parecer sobre lo que es el arrepentimiento. Es lo que pienso, es un simple parecer sin ninguna base evangélica que lo sustente. Para mí el arrepentimiento es el pesar que se siente por haber causado un daño. Se puede apreciar con más claridad cuando uno se coloca en la posición del agraviado y se evalúa la magnitud de la ofensa. En ese momento uno cae en cuenta del estropicio causado lo que le produce un deseo intenso de subsanar el daño causado y el ansia por obtener el perdón. Además, existe hasta la aspiración de compensar al afectado, con algún beneficio. Para mí cuando esto ocurre, existe realmente la contrición.

Manuel continuó hablando y en esta oportunidad sin que se le hubiese preguntado, abordó el tema de los acontecimientos buenos y malos que le ocurren a cualquier persona y comentó otros aspectos relacionados con el tema. Incluso narró algunas experiencias tenidas por él, en las cuales se manifestaba claramente lo que era el arrepentimiento.

Olegario oyó atentamente la explicación. Todo lo dicho por Manuel sobre el arrepentimiento le pareció lógico. Sin embargo, se propuso revisar en el futuro, esa particular forma de ver que tenía Manuel. Guardó esa inquietud en su mente y continuó preguntando con una ansiedad ya no disimulada.

- ¿Quién autoriza - Don Manuel - a los sacerdotes para ser los sucesores de los apóstoles?

- Durante la última cena, Jesús dijo a sus apóstoles: "Haced esto en memoria Mía" Es decir, ordena a sus discípulos a que repitan esa acción. Allí Jesús con esta afirmación instituye el sacerdocio. El cumplimiento de esa orden divina del Señor se ha ido traspasando en hombres seguidores de su doctrina de generación en generación, hasta nuestros días.

La tarde languidecía y cuando la luz del sol se debilitaba, todo lo que ella cubría le imprimía un tenue y transparente color amarillento. A la vegetación circundante de color verde mortecino, casi grisáceo, ocasionado por la prolongada etapa de sequía, le confería un brillo de lentejuela, difícil de describir. También al color ocre que cubría a todo lo que había en aquel taller, le estampaba un sello encantador que sólo la luz solar en su fuga vespertina, proporciona.

La cada vez menos tímida incursión de Olegario dentro de los insondables predios de la doctrina de Cristo lo llevó a preguntar sobre la adoración a las imágenes, cosa que él observaba a menudo durante las manifestaciones religiosas. Así tratando de satisfacer aquella inquietud, le lanzó la pregunta a Manuel. Habló con la timidez propia de quien se considera invasor de terrenos delicados.

- ¿Cuál es el criterio de ustedes los cristianos acerca de la oración dirigida a las imágenes? ¿Consideran que Dios está verdaderamente en ellas? ¿No podría considerarse esa manifestación como idolatría?

Manuel colocando el dedo índice sobre los labios de su boca, se dispuso a responder aquella pregunta, teniendo en cuenta que el origen de ella estaba en el desconocimiento del mensaje de Jesús.

- Muchas personas, joven, se hacen esa pregunta. La respuesta es simple. No existe adoración a las imágenes, estas son únicamente fuente de inspiración para realizar la oración a Dios. Creer que Dios está en ellas sería una aberración. Lo que realmente se hace es venerarlas. Piense por un momento en lo que usted hace con el retrato de un ser querido. No lo adora ni cree que en esa pieza de papel está la persona amada. Ella sólo genera en usted su recuerdo.

Para mí la oración es una conversación con Dios, es una conversación con alguien para mí muy importante, por lo que debo estar muy atento al oír sus palabras, las cuales retumban en mi corazón. Debo concentrar en Él, todos mis sentidos. Cierro las ventanas de mis ojos, dirijo la mirada hacia dentro de mí, mantengo un estricto silencio y permanezco aislado de todo lo que pueda interrumpir ese diálogo.

Después de emitida su respuesta, se quedó en silencio. La expresión de su rostro en aquel momento reflejaba la existencia de un diálogo consigo mismo, una discusión en torno a lo dicho.

Superado aquel paréntesis de silencio y ya habiendo repasado internamente lo manifestado, dijo:

Hombres y mujeres, en cumplimiento de alguna promesa de agradecimiento por un bien recibido o en petición de otro, se acercan a las imágenes, muchas veces llevando en brazos a sus inocentes niños, con la esperanza de encontrar ayuda para sobrellevar su pesada carga, generada por alguna enfermedad o calamidad. Se acercan con la creencia de ofrendar a Dios su voluntario sacrificio y la ilusión de obtener de Él la mano misericordiosa que los ayude. Hacen sin saberlo uso de aquella promesa de Jesús que dice: "Vengan a mí los agobiados que yo los ayudaré".

Creo que lo dicho por mí cuando comencé a referirme a la veneración de las imágenes, se refiere y es válido para los que han tenido la oportunidad de haber oído y meditado el mensaje evangélico de Jesús. Éstos no creen en las imágenes, pues las toman como debe ser, sólo como fuente de inspiración. Sin embargo, pienso que la misericordia de Dios no puede ser impermeable a las peticiones y fe genuina de tantos seres inocentes. Yo diría que la de ellos es una creencia auténtica, expresada quizás de manera equivocada pero verdadera, con sencillez y ternura. Allí junto aquellas imágenes de madera y yeso debe estar Dios, tiene que estarlo para ellos. Dios no puede ser indiferente a aquella expresión pura de amor de tantos y tantos seres que con humildad se acercan a Él, buscando la ayuda y el alivio que todo ser anhela. Pienso por eso, que la relación de los hombres con las imágenes, es asunto que debe ser visto con mucho cuidado, no se pueden trazar límites con cartabón inflexible. Dios está con quien lo solicita.

Olegario quedó ensimismado ante aquello dicho por Manuel. Una vez más apreció la sensibilidad humana de su amigo quien, en otra oportunidad dijera que Jesús tiene que ser un hombre que ama al extremo y está por encima de todo, cuando se trata de expresar su amor a los hombres.

Conectado con lo anterior, a Olegario le había llamado la atención el rezo de las letanías, por lo que preguntó:

- Don Manuel, ¿Qué es eso de las letanías? He visto que en algunas oportunidades las rezan en comunidad, donde una persona hace de guía y las otras contestan. ¿Ellas tienen un significado especial?

Si joven, - contestó Manuel - ellas son una oración en la cual se alaba a la Virgen y además se le pide ayuda. Recuerde lo que hablamos una vez en relación a la madre de Jesús. Pudimos constatar lo importante que ella es para Dios. Basta recordar lo sucedido en las mencionadas bodas de Caná, situación de la cual hablamos anteriormente. En mí, particularmente hay cuatro expresiones de las letanías que me estimulan a guarecerme bajo su manto. Ellas son: "Salud de los enfermos, Refugio de los pecadores, Consuelo de los afligidos y Auxilio de los cristianos" ¿No le parece sublime? Estas expresiones provocan tranquilidad en mí. Siento a la madre protectora e intercesora ante Dios. Es ante quien siempre puedo acudir y más en momentos de angustia, con la confianza de encontrar en ella el calor materno y la ayuda solicitada. Es como tener ante Dios quien vea por uno. Es poder llegar a Dios para hacerle alguna petición, cosa que, por la insignificancia del ser humano, algunas veces no parece fácil hacerlo directamente.

El paseo por los campos evangélicos de aquel día, llegaba a su fin, la pasión de Olegario por andar los caminos narrados en las Sagradas Escrituras ya estaba cercana a lo evidente. La tarde convertida casi en noche, marcó el momento del regreso al pueblo. Lo hicieron en compañía y durante la corta travesía se refirieron a varios aspectos derivados de las lecturas que habían generado curiosidad en Olegario. Comenzaba a despuntar en la bóveda celeste, el infinito manto de luceros que como brillantes luces celestiales, adornaban el camino de la noche que apresuradamente se acercaba.

El panorama que ofrecía el firmamento era un bello escenario de miles de estrellas y luceros, que en enloquecida competencia, se disputaban la magnitud del resplandor. Cada uno parecía querer brillar más que el otro. Ese cambiante espectáculo sideral en cada época del año presenta personajes luminosos diferentes. Por ejemplo, en los meses cercanos a la finalización del período anual, es posible observar a simple vista a la constelación de Orión, predilecta de Olegario. Ella en su eterno y virtual viaje hacia el poniente, al pasar por el zenit del espacio, se deja ver seguida por miles de puntos luminosos, que conjunta y silenciosamente la acompañan en su eterno viajar. Todo ese espectáculo celeste siempre es liderado por Sirio, Alfa del Can Mayor, la estrella más cercana a la tierra. Estos radiantes cuerpos celestes cuando, en toda su plenitud, se asoman en el cielo, generan optimismo y quizás también, una cierta inquietud por saber cuál es el origen de todo aquello.

El espectáculo que en aquel momento ofrecía la bóveda celeste, trajo a la mente de Olegario el deleite que sentía en su frecuente viaje imaginario, hacia las profundidades del espacio. Momentáneamente se sustrajo de su realidad y su pensamiento voló muy lejos del camino por donde ahora transitaba. Imaginariamente se introdujo en ese inconmensurable espacio sideral con la esperanza de encontrar allí, respuesta a tantas y tantas preguntas que giraban en su mente. En ese éxtasis errante por el universo, permaneció pocos instantes, y después de aquella fuga de su pensamiento, volvió a su realidad, pues ya se acercaba el final de la caminata hacia el poblado.

Pasada una plazoleta que intermediaba entre la zona poblada y el cerro portador de aquel rincón de tranquilidad espiritual, los hacía llegar al sector habitado. La primera casa que apareció en la ruta de la caminata fue la de Manuel, pues ésta se encontraba situada en la periferia del vecindario. Se despidieron cordialmente e hicieron el compromiso de encontrarse nuevamente en el próximo final de semana. Olegario continuó solo hacia la suya.

Cuando el joven Olegario en su soledad caminaba hacia su casa, volvió el lepidóptero acoso de la pequeña mariposa que revoloteaba en su mente. Un no sé que le llevaba hacia el misterioso e ignorado mensaje de ese Jesús. No se sabe porqué, sentía gran curiosidad por conocerlo, había una fuerza atrayente que cada día se hacía más grande.

La plazoleta o explanada mencionada era una especie de antesala a esa serranía donde se encontraba la alfarería, rincón de silencio. Aquella planicie se tornaba como improvisada cancha donde los muchachos del lugar por las tardes, jugaban beisbol. El tamaño de aquella explanada era suficiente, bueno tenía que serlo, para desarrollar tal actividad. Sin embargo, en más de una oportunidad la pelota objeto de los juegos, invadía terrenos de casas vecinas por lo que en algunos casos el objeto invasor era decomisado. Una de las más asediadas era la de Rosarito Guerrero, mujer anciana de pocas pulgas, cuya propiedad estaba justo en frente a la fuente de lanzamientos. Ocurría lo mismo con la propiedad de Emilio Rada, hombre huraño de pocos amigos, la cual también era receptora de bolas invasoras. Otras casas circundantes pero más alejadas, eran la de Juaquín Muñoz, hombre de piel blanca, canoso de poco pelo y la de Zoilo Vergara, anciano corpulento que se dedicaba a la fabricación de velas para satisfacer la demanda que se generaba en las actividades que se desarrollaban en la iglesia del pueblo. Este conjunto de casas, explanada y vecinos constituía la última expresión urbana de aquella población.

En más de una oportunidad, Olegario distrajo su caminar hacia su cita sabatina para observar la competencia que de aquel deporte al momento de su paso se realizaba y del cual era amante, pues no perdía las audiciones radiales de los juegos profesionales de beisbol que se realizaban en la capital.

CAPÍTULO

4

• • •

# CITAS SABATINAS

Las semanas de Olegario transcurrían con normalidad. Atendía las obligaciones que por sus estudios se generaban y en tiempos libres ayudaba gratuitamente a Miguelito, joven adolescente vecino a su vivienda, quien iniciaba sus estudios de Química. Ello imponía a Olegario la necesidad de repasar viejos conceptos que ya había guardado en el baúl de los conocimientos. En sus docentes sesiones, se le oía pronunciar los nombres de elementos químicos con sus respectivas valencias. "Flúor, Cloro, Bromo y Yodo; halógenos, uno, tres, cinco y siete...", "Oxígeno Azufre Selenio y Telurio, metaloides bivalentes..." Decía que le convenía revolver esas viejas lecciones porque lo ayudaban en el diario desarrollo de sus estudios.

En varias oportunidades Olegario se sorprendió a sí mismo hojeando las páginas de un viejo y empolvado ejemplar de la Biblia que encontró entre los libros menos manoseados de su casa. Le llamaba poderosamente la atención el desconocido mensaje de Jesús, al que el viejo Manuel se refería con tanta frecuencia. La búsqueda generada por aquella curiosidad, unida a la atracción que el conjunto integrado por Manuel y su recinto de silencio le producían, lo impulsaron a frecuentar aquel sitio. Así que cada sábado de manera casi religiosa, se iniciaron las visitas de Olegario a la tejería de Manuel María.

En una oportunidad, en su caminar hacia su cita semanal encontró en las afueras del pueblo, ya al inicio de su ascenso a las colinas circundantes, un grupo de niños, unos por su poca edad de pantalones cortos y otros ya mayores, de recién alargada vestimenta, que volaban papagayos aprovechando la intensidad de la brisa cuaresmal que en aquellos días abanicaba fuertemente en el ambiente.

Esas frágiles y livianas cometas voladoras de precaria construcción, con marcos de veradas y papeles de colores, adornaban al cielo dando un ambiente festivo, presagiando no se sabe qué. Cada una de esas aves de papel tenía su cola estabilizadora, construida con retazos viejos de tela, empatados entre sí. Todo el conjunto imprimía colorido y movimiento al escenario infinito de los cielos.

Llamaba la atención de Olegario que, en el juego, aquellos niños asumían sin saberlo, riesgos de caer en profundas y espinosas hondonadas y caminaban por el borde de elevados desniveles. Concentraban su atención en aquellas coloreadas aves de papel y en el afán de volarlas, caminaban de un lugar a otro sin percatarse de los amenazantes peligros existentes. Todo sin la presencia tutora de sus padres. Dentro de su pensamiento, Olegario se dijo que debía existir una mano misteriosa, protectora e invisible que cuidaba a esas criaturas inocentes que, sin saberlo, bordeaban el peligro. En su vehemente actitud de no reconocer al Dios que su amigo pregonaba, se dijo contestándose a sí mismo, que ese inseguro corretear desplegado por aquella pléyade de muchachos pueblerinos, se debía a la pericia desarrollada por ellos y no a ninguna otra cosa.

No obstante, esa respuesta, dejó en su mente una inquietud que no lograba desterrar. En lo profundo de su ser sentía que la explicación que se había dado a sí mismo, no era cierta. Comenzó a pensar en que verdaderamente tenía que existir un poder, hasta ahora ignorado por él, que cuidaba del peligro a los niños que, sin saberlo, alegremente lo desafiaban. Así, con ese pensamiento recurrente y contumaz, continuó su camino para atender su acostumbrado encuentro semanal.

En su encuentro con Manuel, no exteriorizó la inquietud que lo embargaba. Habló sobre otro tema. En esta oportunidad y ya leídos algunos pasajes evangélicos, comentó que le llamaba la atención la orden que daba Jesús al agraciado de no pregonar el milagro concedido. En tal sentido preguntó:

- Don Manuel, ¿Por qué algunas veces Jesús al realizar una curación, ordena al beneficiario no decirlo a nadie?

La respuesta de Manuel a la pregunta, fue:

- No joven, no solamente cuando realiza una curación. También lo hizo cuando resucitó a la hija de Jairo, cuando los apóstoles dijeron que Él era Dios y cuando regresaban del monte de la Transfiguración. Cuando usted continúe leyendo el Evangelio encontrará estas narraciones. Pero bueno, vamos a su pregunta. Yo también noté la existencia de esa orden de Jesús. Tampoco sé la razón para ello. Para mí, es desconocida, no por ello inexistente. Recuerde lo que hablamos una vez en relación a la interpretación de la palabra de Jesús. Es necesario analizarla en función a la circunstancia en que ésta se produce.

Creo que además de las razones conocidas como la humildad, el no querer desviar la atención de su mensaje y evitar que lo apresaran; existe otra razón, que es la que desconozco.

Esta respuesta de Manuel estimuló en Olegario la inquietud por indagar más acerca del misterio de Jesús. Cada día en la medida que avanzaba en la lectura del Evangelio iba encontrando nuevas enseñanzas y se iban presentando nuevas dudas, una de las cuales planteó a Manuel:

- Don Manuel leí en la Biblia unas afirmaciones de Jesús que no he logrado entender porque me parecen contradictorias con el mensaje que de Él, usted me manifiesta. Los discípulos le preguntan el porqué habla en parábolas y Él les contestó que a ustedes los discípulos les está dado conocer los misterios de los cielos y a ellos no. Dice que a quien tiene se le dará más y a quien no tiene se le quitará lo poco que tenga. Expresa también que habla en parábolas porque viendo no ven y oyendo no oyen. Por último afirma que muchos profetas y justos desearon ver y no vieron, oír y no oyeron.

Manuel respondió dentro de lo que pudo, pues para Él la interpretación de ese pasaje evangélico, no era fácil. Sin embargo, sintió un aire de alegría porqué vio con esto que su amigo se había lanzado a nadar en las aguas evangélicas

- Joven, creo que su pregunta confirma lo que dije sobre Jesús. Él es un misterio, algunas veces incomprensible e inexplicable. Yo también he encontrado esa duda y lo que sobre eso puedo decir, es lo siguiente: Él habla en parábolas porque de esa manera sencilla será fácil entender su mensaje. Quienes aún así no lo entiendan, es porque tienen su corazón endurecido e impermeable a su mensaje y son víctimas del engreimiento. Ellos aunque vean no verán y oyendo no oirán. A esos se les quitará lo poco que tengan.

Ya avanzada una de esas tardes sabatinas, reinaba en aquel ambiente una mezcla de diálogo y manualidades. De pronto comenzó a oírse el lánguido ruido de un motor que con el transcurrir de los segundos iba haciéndose más fuerte, lo que indicaba su acercamiento. Ambos hombres corrieron al extremo del caney desde donde, por ser lugar más alto, se ofrecía visión completa del camino por donde se esperaba la posible llegada del intruso. El ruido continuaba en aumento hasta que asomó en la curva del camino un viejo e inesperado vehículo que se aproximaba a ellos. El día y la hora hacían sorpresiva aquella visita, pues se suponía que la semana de trabajo estaba a punto de concluir.

El dueño del zumbido perturbante era un vetusto vehículo de carga, pintarrajeado pero con claro azul de fondo, color que debió ser el original. Viejo ejemplar de modelos anteriores, con hematomas en su remendada carrocería, sus puertas sostenidas con amarres de alambres y sus gastadas ruedas con varios parches reveladores del alma blanquecina de sus lonas que daban sensación de estallido perentorio. Remontó a duras penas el corto y pendiente camino lateral que llegaba hasta el taller. A juzgar por la presencia que el esperpento presentaba, se generaba profunda duda en cuanto a su capacidad de carga. Una vez posicionado dicho vehículo en los laterales del ámbito fabril, su conductor, hombre corpulento de mediana edad, contextura fuerte, de estatura considerable, todo un jayán, cubierto con cachucha de visera en posición sesgada sobre su cabeza, descendió de aquella momia andante y sin el mínimo gesto de cortesía, dijo:

- Mira viejo vengo por los ladrillos de Ramírez. Dámelos rápido, este es mi último viaje de la semana y quiero irme a casa.

El descortés inicio dejó bien clara la personalidad del visitante, era enorme de estatura, pero corto en educación. Violando los más elementales principios de cortesía, se dirigió a Manuel en segunda persona, es decir tuteándolo, cosa no habitual, pues además de ser para él, persona desconocida, era un anciano que merecía respeto por su edad. Manuel, sin embargo, con su acostumbrada sequedad, pero con la gentil bienvenida que ameritan estos casos, lo atendió con la amabilidad que el advenedizo no merecía.

- Aquel conjunto de ladrillos colocados allá - señaló Manuel con su brazo derecho y dedo índice - es el que corresponde a ese pedido.

En perfecto orden se encontraba el grupo de ladrillos completamente terminados, que debían ser llevados al camión para su transporte.

- Si usted me lo permite, - dijo Manuel - le ayudo a colocarlos en el camión.

Con esa paciente expresión, Manuel hizo gala del alto sentido que tenía del mensaje de Jesús, gesto por lo demás, en nada ganado por el personaje visitante, pero si de obligatorio cumplimiento, por el anciano dialogante. El forastero en ademán de desprecio, contestó en términos cada vez más descorteses y de manera displicente, desechando el ofrecimiento de Manuel.

- No quiero viejos en este trabajo. Ustedes lo que hacen es estorbar. Yo y mi ayudante, compañero de trabajo, somos suficientes. ¡Quédate a un lado! Lo que sí necesito es un carretón para transportar la carga hasta el camión. Dame la carretilla y apártate, no te metas en esto.

En actitud violenta apartó a Manuel de manera que casi lo hace perder el equilibrio. Olegario, quien hasta el momento se había mantenido como simple espectador, retirado de aquello que se iba convirtiendo en atropello, dio un paso al frente. Su límite de tolerancia había sido rebasado, no pudo soportar más aquella actitud avasallante y en posición hasta ahora desconocida por Manuel, increpó al invasor y en forma también violenta, producto de la indignación generada por el trato a su amigo, le manifestó:

- Por lo que veo, dijo Olegario, usted carece de los más mínimos lineamientos de educación y respeto a las personas. Desde este momento usted tendrá que enfrentarse conmigo, en el terreno que guste. Sepa que quien le atendió es mi amigo, a quien debe respetar. Si usted continúa con esa actitud, dé por seguro que lo sacaré a rastras de este lugar. Esas piezas señaladas por mi amigo son las que debe llevar. Le agradezco lo haga pronto y se desaparece, porque no quiero verlo más en este lugar

El rostro enrojecido de Olegario, era inusitado, mostraba su gran indignación por el comportamiento de aquel hombre en contra de su amigo. Fue innegable que su actitud agresiva tuvo en consideración sus viejos conocimientos de las artes marciales, que aunque nunca serían utilizados para agredir, sí podrían serlo para repeler una posible agresión. Las condiciones personales de Manuel por su edad, no eran suficientes para contender con aquel energúmeno, quien se percató de la solidaridad resuelta del joven con el anciano de débil apariencia. Entendió el visitante que el alfarero no estaba solo y que la actitud resuelta del joven no permitiría atropello alguno, así que prefirió quedarse en silencio y realizar el trabajo que le había sido encomendado. Superado el incidente, silenciosamente el hombre conductor del camión, con la ayuda de su galopín compañero, terminó de realizar la carga de las piezas del pedido.

Hasta los ruidos del campo se habían callado. Las primitivas construcciones de aquella alfarería, los patios, las matas, los caminos, los pájaros y todo lo circundante, quedaron sorprendidos por aquella desconocida situación, nunca antes vivida en aquel apacible refugio de paz y de quietud. Habían presenciado una insólita, inusual y sorprendente reacción de Olegario.

Terminada la labor de carga, sin ademán de despedida y debidamente instalados el conductor y su asistente en la cabina del camión, iniciaron las maniobras de retorno. Lentamente tomó el camino hacia el poblado. Siempre en el ambiente quedó la duda, de si ese vehículo por su estado, sería capaz de realizar la faena de transporte pretendida. El ruido de su motor, en la medida de su alejamiento, se iba atenuando al igual que el ánimo exacerbado de Olegario. Desaparecidas las imágenes del vehículo y de su conductor, volvió al territorio de quietud, el ambiente de calma y sosiego que había sido interrumpido por tan desagradable incidente.

En un tono ya calmado, ambos hombres continuaron su diálogo, oportunidad en la cual Manuel María agradeció a Olegario por haber salido en su defensa, cosa que le había producido gran satisfacción. Este acontecimiento consolidó aún más la amistad de aquellos seres. En Manuel, por el gesto inesperado, recibido de su amigo y en Olegario, por haber tenido la oportunidad de demostrar su solidaridad hacia ese hombre por quien sentía admiración. Como en otras oportunidades Manuel quedó callado, con la mirada perdida y dirigida hacia el suelo, hizo un paréntesis de silencio que duró varios minutos. Se notaba que hacía una introspección, dejaba ver la impresión de la existencia de una especie de diálogo consigo mismo, que supuestamente era referente a la situación que acababa de ocurrir. Con voz pausada, Manuel hizo el siguiente comentario:

- Mire joven, esta desagradable situación por la que acabamos de pasar, merece un poco de atención. Ha hecho que perdamos la compostura, es decir nos sacó de nuestro pacífico estado de ánimo. Ahora bien, no conocemos cual es la realidad de esa persona. Es posible que esté confrontando aprietos económicos, conflictos familiares, enfermedad propia o de alguien de su entorno, en fin, tantas dificultades de las que somos susceptibles los humanos. Esto me lleva a pensar en que la persona que actúa de manera reñida con los niveles mínimos de educación, podría no ser totalmente culpable de tal actitud. Es posible que no dispusiera de la orientación adecuada que le enseñara a dominar sus impulsos. Así pues, yo lo veo como un asunto complejo que nos obliga a reflexionar. Es más, le digo una cosa, me gustaría tener la oportunidad alguna vez de hablar con él nuevamente y llegar más hondo para conocer su situación.

Para Olegario aquel razonamiento de Manuel era sorpresivo y contradictorio con la actitud que ambos acababan de sostener con aquel hombre. Podría decirse, según él, que era demasiado pacifista y descabellado por lo que al principio no estuvo de acuerdo con ese planteamiento, sin embargo, después de analizarlo detenidamente, vio que las aristas del incidente que asomaba Manuel, eran razonables. Se hizo la pregunta a sí mismo, de si el mensaje evangélico que Manuel tanto pregonaba, tenía algo que ver con esa manera de pensar. Olegario escuchó un nuevo aldabonazo en la campana de su mente. En todo caso, esa reflexión inesperada, reflejaba la elevada calidad humana de aquel anciano. No dejó Olegario de rumiar en su pensamiento, todo lo ocurrido, lo cual le sustrajo momentáneamente del diálogo que sostenían. Recuperado de su abstracción mental, pero sin poder desterrar de su mente aquella idea, continuó durante el resto de la tarde que quedaba, la conversación con su amigo de diferentes tópicos. Como en oportunidades anteriores y ya en los "albores" de la noche, realizaron juntos el regreso al pueblo.

Era tal el acercamiento entre aquellos hombres que ya Olegario participaba en las actividades de moldeado de ladrillos y tejas. Estas últimas, cobertoras de techos, eran de vaciado muy simple. El molde era un marco de madera de espesor igual al de la teja cuyo largo era el de la unidad terminada y el ancho un poco mayor, teniendo en consideración la futura curvatura proporcionada por el molde abovedado, también de madera, que proporcionaba la forma final.

El procedimiento consistía en llenar con el barro bastante seco, el espacio interior del marco, obteniéndose así una lámina de barro que cuidadosamente se colocaba sobre el lomo cifósico del molde o formaleta de superficie convexa y longitudinalmente declinante, el cual era llevado luego al patio de secado donde, gracias a la ahusada forma de la horma, la extracción de ésta se realizaba con gran facilidad y quedaba la teja en su arqueada forma.

Existían dos tipos de hormas, uno de curvatura más pronunciada para tejas canales y otro más abierto, para las que servirían de tapas. La combinación de ambas tejas constituye la unidad básica de la cubierta del techo.

El proceso de secado era el mismo que el utilizado para los adoquines. Completado éste y después de varias horas, la pieza se transportaba cuidadosamente al horno para su futura cocción. Para desarrollar esta actividad, generalmente venía en ayuda uno de los hijos de Manuel.

A decir del maestro Ochoa, viejo albañil de la comarca y constructor de casi todos los techos del poblado, la pendiente mínima que debía tener la techumbre era de una cuarta por metro, no un jeme como algunos pensaban, pues de esa manera se evitaba que la teja drenara hacia atrás y se lograba así, que cumpliera adecuadamente su función.

No se sabe por qué, pero Olegario era víctima de una atracción imantada que lo conducía, sin él quererlo, hacia el mensaje del hombre de Nazaret. No cesaba en buscar lo que para él se había convertido en el reto que era penetrar el insondable misterio de ese llamado. Un día, mientras contemplaba la actividad alfarera, meditaba acerca de todo lo que empezaba a conocer de ese mensaje. Desde el umbral de la puerta medio abierta de su pensamiento, observó el infinito panorama que le mostraba la Biblia y vino a su mente la curiosidad de saber que significaba la cruz para los que creían en esa doctrina. Para satisfacer su ya insaciable curiosidad, optó por preguntar a Manuel de quien suponía obtener la respuesta.

-Don Manuel, ¿Qué significa la Cruz para ustedes los cristianos? ¿Es un símbolo únicamente o tiene alguna otra significación?
- Para mí joven, es mucho más que un símbolo. Fíjese, de

ella se han dicho muchas cosas. Se le pone como símbolo de suplicio y como la victoria de Jesús sobre el pecado. Se han hecho cruces de joyería que llevan las personas como signo de su creencia. Se considera que el madero erguido señala la dirección hacia arriba, hacia Dios y el extendido de sus brazos, que el mensaje de Jesús es para toda la humanidad. En fin se ha escrito mucho en relación a la Cruz. Manuel hizo un paréntesis en su conversación. Nunca se había planteado esa pregunta. Así después del breve paréntesis, contestó:

- Volviendo a su pregunta, para mí la Cruz es la puerta que guarda el paso de la vida de este mundo a la gloria. Indica la salvación, la victoria de Jesús sobre la muerte. Es una señal del cristiano en memoria de haber sido en ella donde murió Jesucristo. Es donde debemos asirnos y recordar que para alcanzar la vida eterna también padeceremos, aunque se debe saber que la gloria del más allá, será tan grande que opacará a cualquier suplicio previo.

Olegario como persona desconocedora de la misión de Jesús, no entendió las palabras de Manuel, aunque comprendió que la Cruz era como la identificación del cristiano.

La única actividad en la que no participó Olegario durante sus ya repetidas visitas, fue en la del acondicionamiento del barro, la cual se realizaba como se vió, con los pies descalzos, sumergidos en su masa pegajosa.

La amistad entre aquellos dos hombres se hacía cada vez más fuerte. Olegario se sintió con las credenciales suficientes para preguntar a su amigo sobre su familia, pues no sabía si la actitud de ermitaño que mantenía aquel anciano era consecuencia de su situación dentro del seno familiar, es decir si tendría relación con el comportamiento de ésta. Consideró lo delicado del tema por lo cual el planteamiento fue hecho con cierta suavidad y cortesía

- ¿Don Manuel, cómo es su familia?

Manuel con la paciencia acostumbrada, respondió:

- Soy casado, tengo tres hijos y constituimos un núcleo muy firme. Confieso que, como todas las familias, tenemos altos y bajos, pero al hacer un balance, los positivos superan largamente a los menguados. Para mí lo más importante además del amor, es el respeto a la esposa y a cada uno de los integrantes del grupo. Se debe tener claro que cada uno tiene una personalidad diferente por la que merece consideración, tolerancia y respeto acorde a su temperamento.

- Mire, esta tolerancia fue una de las cosas que más me costó entender. Confieso que en la primera etapa, como aprendiz de padre, pensaba que mis hijos serían como yo quería, los mejores de este mundo. Hice todo lo que estuvo a mi alcance en función a su preparación, pero no tomé en cuenta que cada uno tenía su propia inclinación. Hoy son hombres de diferentes maneras de pensar, muchas de ellas distintas a las que yo apuntaba.

En más de una oportunidad me he sentido desilusionado por no haber logrado en esa primera etapa, lo que yo quería. Sin embargo hoy, todavía como inexperto y diría que aún como practicante en el arte de la paternidad, continúo en la lucha por obtener el triunfo, la cual continuaré hasta mi muerte, aunque sea apuntando a un logro de talla menos elevada que la deseada originalmente. Una cosa que me ha llenado de tristeza, la cual no siempre he podido ocultar, es cuando alguno de los míos desconoce los pocos méritos que yo pueda tener y muestre hacia mí, quizás sin quererlo, ademán que hace sentir en lo profundo un cierto desaire. Seguramente algún día, Dios quiera que no sea tarde, reconsideren esa forma de actuar.

Al inicio uno transita la etapa de modelar y de formar, ese tramo en mi caso, ya pasó. Después de superado ese trecho, comienza el de sufrir calladamente, que es donde estoy ahora, donde la única herramienta que sobrevive y también la única disponible, es el buen ejemplo. Ese tramo durará, supongo yo, lo que el resto de mi vida y creo, no estoy seguro, se extinguirá sólo con la muerte o, no se sabe si continuará aún después de ella. Sin embargo siempre pido a Dios que alargue un poco más la duración del tiempo en que ahora estoy junto a los míos y me permita disfrutar de mi grupo familiar. Pareciera que en la medida en que avanza la vida, se va apreciando más y más el valor de la esposa, los hijos y por extensión, los nietos y las nueras... Sabe una cosa, y discúlpeme que hable de mí, ahora caigo en cuenta de las angustias por las que hice pasar a mis padres y las lágrimas que por mí ellos calladamente derramaron, todo sin estar yo consciente de ser quien las ocasionaba. Aún cuando sé que me perdonarían esas faltas cometidas, llevaré en mi corazón, durante el resto de mi vida, el pesar de ser yo el autor de la tristeza inmerecida de aquellos seres que, con tanto amor, cuidaron de mi vida. Igualmente y como tesoro estrictamente mío, llevaré las pocas alegrías que les proporcioné, aunque reconozco que fueron muchas menos de las que ellos eran acreedores. Es siendo padre, que estas cosas se comprenden. Lo lamentable es la tardanza con que uno se despierta.

Mire otra cosa: las aves siendo seres irracionales, nos dan ejemplo de la paternidad. Ellas cuidan con celo a sus polluelos y en la medida en que éstos se van desarrollando los enseñan a volar, así poco a poco van separándose y asumiendo su propia vida. Sus padres no abandonan su papel hasta que el último de los pichones, quizás el menos dotado, aprende a volar solo. Así mismo nos ocurre a nosotros, continuamos hasta que sea necesario, enseñando a volar.

Con esta respuesta donde Manuel revolvió sus sentimientos, Olegario sintió satisfecha su curiosidad y más que eso, reafirmó el concepto que de fina sensibilidad, aquel hombre poseía.

Lo que permaneció sin Olegario comprender, fue aquello de la decepción, pues le pareció que no había lugar a ella. La reacción del género humano siempre es así, pero no conlleva nunca intención torcida que pueda contener perjuicio a sus padres. La prueba está en que después, al salir del letargo de la juventud, existe gran arrepentimiento de no haber tenido otra actitud en su momento.

CAPÍTULO

5

• • •

# ANUNCIO DE LA SEPARACIÓN

Un día que alegremente estaban los dos, afanados en las tareas propias del taller, Olegario comentó a su amigo lo relativo a sus estudios.

Don Manuel - dijo Olegario - mis estudios en el liceo están concluyendo. Estoy cursando mi último año y dentro de varios meses será mi graduación. Mi padre en relación a ello ha manifestado la idea según la cual yo debería continuar mi formación en la Capital, para lo que sería necesaria mi mudanza a esa ciudad.

Manuel oyó el comentario y no emitió ninguna respuesta. Su rostro se ensombreció y continuó hundiendo sus dedos en la masa informe del légamo que pacientemente a su lado, esperaba su mano acariciante y moldeadora. Después de varios momentos de silencio, expresó:

- La vida es como un viaje. Uno continuamente está llegando a un lugar, lo que significa que abandonó otro. Este proceso se repite una y otra vez. Cada llegada deja atrás una partida. La llegada es alegre y triste la partida.

Olegario quizás por su corta edad no logró entender aquel comentario de Manuel María. Guardó silencio por unos minutos mientras procesaba lo dicho por su amigo. Sólo después de analizar aquellas palabras, replicó:

- Don Manuel por qué usted hace esos comentarios, si lo que dije, por ahora, es algo hipotético que se realizará sólo si se logran los objetivos que como usted sabe, requieren de la ejecución de difíciles y complicados trámites y en todo caso, mi viaje sería dentro de varios meses.

Manuel intervino nuevamente sin ocultar el golpe emocional recibido.

- Oiga joven, su venida a este lugar y más que eso a mí, ha sido objeto de alegría y...

No fue posible para Manuel terminar sus palabras, pues Olegario lo interrumpió un tanto queriendo limar las aristas de su desafortunado comentario.

- Don Manuel estamos como usted dice, en esa etapa de alegría. No es el momento de hablar de partida, ésta es lejana e hipotética. ¿Por qué hablar de partida?

- Joven usted acaba de anunciarla. Ya entramos en esa etapa de tristeza.

Dicho esto, se enmudeció. Lo que restaba de aquel día transcurrió en silencio, una densa atmósfera se cernía sobre aquellos hombres. Sobre Manuel el pesar de la despedida decretada y sobre Olegario el haber causado una herida que nunca hubiese querido realizar.

Para Olegario su partida generaba dos sentimientos opuestos. Por un lado la alegría que produce el conocer otras personas, surcar otros mares, ver otros horizontes y adquirir nuevos conocimientos. Por el otro lado era de tristeza por dejar a su amigo y a todo lo que existía a su derredor. Para Manuel en cambio, la partida de Olegario sólo tenía un aspecto y era el de la tristeza. Sus condiciones económicas y su edad no le ofrecían mayor diversidad de opciones.

Desaparecida la luz directa del sol y en la última etapa del día, iniciaron juntos el camino de regreso hacia el pueblo. Eran dos personas que aún cuando caminaban uno al lado del otro, sus pensamientos corrían caminos apartados.

Todavía se podían apreciar las incidencias de la angosta e irregular carretera, alumbradas por la luminosidad reflejada por la bóveda celeste, que por estar más alta, aún recibía la estela de luz dejada por el sol en el adiós del día.

El trayecto transcurrió en silencio. La atmósfera pesada aún continuaba gravitando sobre aquellos seres. A la llegada, cada uno tomó su camino y al momento de separarse hubo una cordial pero apesadumbrada despedida.

Para Olegario toda la semana transcurrió con el remordimiento de haber causado amargura a su amigo. Manuel por su parte, desarrolló la habitual actividad semanal sin ocultar la aflicción que lo embargaba. La tristeza, esa la que él decía de las despedidas, se había anidado en su mente. Con cierta e inocultable ansiedad, esperó la visita sabatina que con toda seguridad realizaría su amigo y que para él, sería un momentáneo bálsamo que aliviaría su pesar. Se preguntó varias veces a sí mismo, sin encontrar una respuesta, el porqué de aquel sentimiento. Para Manuel el encuentro casual de otro individuo poseedor de su misma rara tendencia, había hecho emerger en él la idea de que su soledad no era exclusiva.

Llegado el momento esperado del sábado siguiente, aquellos dos seres pertenecientes a generaciones tan distantes, nuevamente como de costumbre se encontraron. El ánimo de Manuel, estaba menos abatido por la tristeza y en ese momento usurpando el papel de padre, dijo en tono de consejo:

- Olegario toma con pasión tus próximos estudios, sean estos de letras o de números, ámalos con toda intensidad. No deseches la oportunidad de aprender. No te conformes con lo que asoman a tu mente. Invade otros terrenos del conocimiento, estos son infinitos. Avanza por tu cuenta en el camino de la sabiduría, no importa que en la ruta estés solo, recuerda que la soledad permite llegar más hondo. Esos conocimientos adquiridos más allá, son los que marcarán la diferencia en el futuro. Siempre actúa con humildad y practica sin límites la caridad, máxima expresión del amor, nunca te desplaces por caminos diferentes a los que señala Jesús, ten estos valores como emblema en tu vida. En la medida en que te adentres en las lecturas, irás encontrando nuevas enseñanzas como la lección de humildad que dio Jesús, al lavar los pies de los apóstoles. Allí nos enseñó que todos somos iguales. Hizo realidad aquello dicho a sus apóstoles, que quien quiera ser más grande entre ellos, sea su servidor. Te hablo de acuerdo a la experiencia que me ha dado mi larga vida y lo poco que he logrado extraer de los libros leídos, pues como tú sabes mis conocimientos son escasos y reflejan mis intentos de querer nadar en esos mares, aunque estoy consciente de no conocer el arte de flotar. Lamento no haber tenido la inquietud ni la oportunidad de estudiar. Ahora veo lo que perdí, pero ya es demasiado tarde para recuperar lo no aprovechado. Hubiese sido para mí una dicha el haber encontrado a tiempo, el lazarillo de allende mirada, quien me condujera mientras duró la ceguedad juvenil provocada por la inexistente ansia de aprender y dotarme de los instrumentos necesarios para afrontar las distintas circunstancias de la vida. Pero bueno, lo que pudo haber sido y no fue, es como si no hubiese sido.

Una cosa curiosa, desde aquel día en adelante, Manuel no se refirió más a Olegario con la palabra "joven" expresión demarcadora de distancia. Comenzó a llamarlo por su nombre y también desde aquel instante, sus comentarios tuvieron un tinte paternal, fueron como de padre a hijo.

Olegario sintió que sobre él, su amigo tendía una capa protectora y su relación con aquel anciano en ese momento dejaron de ser de simple amistad y se convirtieron en sentimiento filial.

No hubo momento en que Manuel no aconsejara a Olegario. Insistía siempre en recomendarle la lectura y seguimiento de Los Evangelios, pues en ellos encontraría el mensaje de Jesús, que serían el camino y las normas de su vida.

Sus palabras, aunque matizadas por el pesar de la irremediable separación, no contenían egoísmo.

El día había sido soleado, los pájaros del campo, en su mayoría tórtolas, inocentes del pesar que oprimía aquellas almas, volaban y cantaban alegres. Se introducían en las áreas de trabajo y sin temor al desalojo, se posaban sobre los utensilios que en aquel momento se encontraban en descanso por ser día de amasado.

Con el fin de explicar su pesar, Manuel habló en relación a sí mismo.

- Mira Olegario muchas personas allegadas a mí, familiares y amigos, ya se han ido, se han quedado en el camino, unos antes y otros después. En la medida en que avanza la vida, uno se va quedando solo. Cada vez hay menos personas con quien compartir momentos vividos. En este caso y como una excepción, tú has venido a llenar un poco ese vacío dejado por otros. Obviamente no puedo compartir contigo lo ocurrido en tiempos ya lejanos, pero sí en los de hoy. Tú me has hecho sentir acompañado en mi retiro, por eso tu partida por mí, será sentida.

CAPÍTULO

6

• • •

# CONSEJOS

Un día de tantos en que conjuntamente los dos hombres desarrollaban la actividad modeladora de tierra húmeda, Manuel hizo un comentario, quizás movido por alguna situación que le ocurriera en momentos anteriores, por cierto, nunca antes mencionada por él. En esa oportunidad se refirió a la dignidad, cualidad que según él, deberían tener todos los seres humanos, aunque no siempre era así. Su afirmación en relación al tema fue la siguiente:

- Olegario, los hombres que creemos en el mensaje de Jesús debemos tenerlo a Él como modelo en todas las actuaciones de la vida. Se sabe que en algunos momentos, en el fragor de la existencia ese seguimiento no es fácil y es cuando ocurren las desviaciones en las cuales todos los hombres incurrimos. Esas desviaciones pierden importancia cuando se reconocen y se realiza un esfuerzo para no repetirlas.

A Olegario, las afirmaciones que hacía Manuel, le parecieron un tanto fuera del contexto de la conversación que venían manteniendo. Sencillamente hasta el momento no las entendía, sin embargo se limitó a oírlas con el fin de encontrar su razón.

Por ejemplo, - continuó hablando Manuel,

- Cuando uno se tropieza con la indignidad. Ese choque genera en uno esos instantes en los cuales es difícil permanecer fiel a su enseñanza. Mira, cuando se ve que una persona, supuestamente poseedora de ella, realiza un acto indigno, generalmente se dice que perdió la dignidad. Esa afirmación no es correcta, pues ella no se pierde, lo realmente sucedido es que nunca la tuvo. La dignidad se tiene o no se tiene. No obstante, como errar es de humanos, cualquiera siendo digno puede sufrir un desvío, sin embargo, cuando ocurre tal extravío, si la persona realmente tiene dignidad, acto seguido reconocerá su desacierto. Esta reacción por sí misma, ya te indica que si hay dignidad. Sólo así se mantiene la honorabilidad y se da fe de la existencia de dignidad. Yo creo que en sí, admitir el error ya constituye expresión de esa escasa cualidad.

Olegario oyó con todo respeto lo dicho por Manuel, lo interpretó como la liberación de algún sentimiento, quizás el accionar de una válvula mental de escape, sin embargo, lo tomó como enseñanza que se derramaba de aquel crisol de ordinaria y rústica sabiduría que iría a engrosar la alforja de sus conocimientos. Pensó que ese comentario tenía una causa, que quizás Manuel por su habitual parquedad cuando se trataba de la posible crítica a otras personas, no dejó saber. En varias oportunidades tomaba una actitud un tanto inexplicable para Olegario. Hacía comentarios que al parecer no tenían relación con lo que se vivía en el momento. Sin embargo, lo hacía con la finalidad de dotar a su amigo de herramientas para afrontar futuras situaciones.

Así un día en que se desarrollaban normalmente las actividades en el taller, hizo los siguientes comentarios, también vistos por Olegario como aislados y sin conexión con los temas que normalmente se ventilaban, pero conociendo la intención de Manuel, esperó de esa afirmación, una enseñanza. Prefirió mantenerse callado, oyendo el comentario.

- Olegario una de las cosas que más lo afecta a uno es el desprecio o cuando a uno lo ignoran. Cuando se espera alguna expresión de la cual se cree ser acreedor y sin embargo, ésta no llega. A mí me parece que esa situación supera a la confrontación, pues en esta última tienes un frente que se te opone, en cambio cuando te ignoran, te sientes aislado y sin asidero.

Otra cosa a tener en cuenta es la sonrisa. Creerás que estoy loco por este comentario. Mira, algunas veces la sonrisa va contigo y en otras oportunidades se ríen de ti. Es necesario fortalecer la epidermis de tal forma, que cuando aparezca tal desconsideración no permita la afectación producida por el dardo del menosprecio.

Olegario no entendió la razón de estos comentarios, sin embargo no desperdiciaba la enseñanza que de ellos se derivaba, la cual suponía que sería de utilidad en su vida futura.

Un día en que ambos seres dialogaban animadamente, Olegario comentó que uno de sus compañeros de liceo, lo criticaba por prestarse de ayudante en el trabajo de modelar el barro, cosa que no abonaba en nada el posible desarrollo profesional futuro, apreciación que a criterio de Olegario, no tenía en consideración, la formación moral que él estaba recibiendo.

Intervino Manuel con su recién acostumbrada actitud paternal y dijo:

Mira Olegario nunca desoigas la crítica, aun la que consideres contaminada con el veneno de la envidia. Óyela, clasifícala pero no la deseches. Extrae de ella lo que te interesa, porque la censura y la murmuración, de alguna manera contribuyen a tu mejoramiento. La riqueza que se deriva de cualquier actividad no se mide solamente en monedas. Cuando ella es de orden espiritual no se tasa con dinero, tiene otra medida de mayor valor y además posee la característica de no perderse nunca.

Las actividades de aquel taller se desarrollaban con normalidad, Manuel tenía en lo posible, la delicadeza de amasar el barro durante la semana y dejaba para el sábado sólo la de manipularlo con su gradilla, actividad en la que como se dijo, ya Olegario participaba con habilidad. Se manoseaba al barro y con los distintos comentarios de Manuel, se modulaba también, la mente de Olegario.

Uno de esos días y en tono de consejo, Manuel dijo:

Apunta siempre a lo más alto, que si no lo consigues, te aproximas a él.

Cuando el momento de la despedida se hacía inminente, una semana antes, en la penúltima cita sabatina, Manuel quiso despedir a Olegario deseándole un venturoso porvenir, pues no sabía si esa era la última vez que lo recibiera en su reducto, dudaba si sus fuerzas serían suficientes para estar presente el próximo y postrero sábado y soportar el terrible momento de la despedida.

Con voz un tanto quebrada por la emoción, se dirigió a Olegario y sólo alcanzó a pronunciar una frase:

- Deseo que Dios te bendiga.

No pudo continuar hablando y para disimular su emoción, se apartó brevemente como quien buscaba alguna de sus herramientas que realmente no buscaba, con el fin de secar, sin ser observado, sus ojos humedecidos. Olegario se percató del estado emocional de su compañero, lo cual generó en él la correspondiente turbación. Sin embargo, a la vez sintió gran enternecimiento, el que nunca había sentido, porque jamás hasta ese día, nadie le había deseado la Bendición de Dios.

Una cosa curiosa, por su mente no pasó el sentido de subyugación, el sentirse en un plano de inferioridad que algunos sienten cuando piden la Bendición. Es posible que tal erróneo sentimiento se derive de no haber meditado, lo que tal expresión conlleva. Es la petición a ese Ser Supremo que derrame sobre uno todo bienestar.

Transcurrió la semana, última antes de la partida de Olegario, todo fue triste en la alfarería. La otrora alegre actividad de otros momentos, ya no estaba. Llegado el último sábado antes de la partida de Olegario, hubo la acostumbrada cita, pero en esta oportunidad fue de dos ausentes, ninguno de los dos asistió a ella. Manuel por su parte, ese día no necesitó ir a su lugar de soledad, pues ésta estaba en él. Olegario por su parte, no sintió fuerzas para enfrentar la amarga despedida. Con el pretexto de hacer los últimos toques a los preparativos de su viaje, no atendió a lo que sería la última cita semanal. Se auto engañó y pasó aquella tarde organizando lo que ya estaba preparado. En definitiva, la despedida no era del agrado de ninguno de ellos. Olegario vivió aquello dicho por Manuel, "las despedidas son tristes."

Para ambos se iniciaba una nueva etapa. La de Manuel era sólo de tristeza y la única manera de afrontarla fue aumentando la intensidad de su diario trabajo, que aunque lo desarrollaba dentro del mismo escenario, serviría de bálsamo para aun momentáneamente, olvidar la partida de su amigo. La de Olegario fue menos gravosa, quizás por su edad, la expectativa de un futuro posiblemente promisorio, el afrontar nuevas situaciones, personas y retos, permitieron borrar al menos por momentos, el recuerdo del amigo abandonado. Se cumplía aquello que más o menos dice que quien se va se distrae con el paisaje del camino y el que se queda carga con toda la tristeza.

La brisa cuaresmal soplaba con menos intensidad y una cortina de niebla blanquecina poco a poco convertida en capa de espesas nubes, iba cubriendo al firmamento. El Sol ya no brillaba como en pretéritos momentos. En ocasiones el cielo, ya en las puertas del invierno, tomaba un color gris plomizo presagiante de lluvias tormentosas. Todo el conjunto de atmosféricos fenómenos, tapaba al otrora cielo azul, morada de Dios y algún día, a decir de Manuel, también la suya. La bóveda celeste desde arriba, contempló la amarga despedida e igualmente por ello, estaba triste.

La vida de Manuel, sometida al remedio infalible del tiempo, fue recobrando la normalidad. Se puede decir que después de la tempestad ocurrida en lo más profundo de su alma con la despedida de Olegario, vino la calma y el restañar de sus heridas espirituales. La rutina de su trabajo volvió a lo que era antes, antes de conocer al joven Olegario. Continuó hundiendo su talón en el barro, volvió a manar agua entre sus dedos y a oírse el chasquido que aquella actividad producía. Prosiguió el manipular ladrillos y tejas. Continuó cortando chamiza en el chaparral para alimentar al horno que volvió a fumar. Siguió cargando arcilla bruta para su taller y reanudó sus lecturas dominicales de la Biblia.

Para Manuel, Olegario era el recuerdo triste de un pasado alegre, de quien no tuvo más noticias porque con él, también se fue su familia sin dejar vestigio alguno. Todo, como si fuera poco, agravado por la dificultad existente en las comunicaciones de aquella época. La imaginación, facultad que permite el viaje a cualquier lugar, hacia el futuro y hacia el pasado, todo a una velocidad mayor a la de la luz; era el único instrumento del cual disponía para recordar a su amigo.

Manuel giró nuevamente su mirada hacia su evangelista preferido, repasó una y otra vez sus páginas y continuó encontrando en ellas nuevas enseñanzas. Curiosamente halló que en momentos de pesar como los que habían ocurrido en él, lo único que permanecía inmóvil era el mensaje de Jesús, el de aquel hombre desconocido para Olegario y que él con pasión, trataba de encontrar.

El ambiente total de la alfarería pausadamente fue recuperando su normalidad, Manuel, el caney, patios, horno, laguna y herramientas, todos recuperaron su normalidad, habían vencido a la tristeza. La vegetación cercana comenzaba a recuperar su verdor, los pájaros volaban alegres y el Sol brillaba nuevamente.

Se podría reafirmar lo dicho antes, que después de la tempestad viene la calma. Olegario fue para Manuel la tormenta que revolvió a su alma solitaria y con su partida dejó una tranquilidad que de esa forma nunca quiso.

Olegario por su parte atravesó días intensos, se mezclaban en él la emoción de la llegada a otro escenario, el reto de iniciar una nueva etapa y una inmensa nostalgia por abandonar a su amigo y a todo aquel ambiente de tranquilidad, especialmente, el templo de lectura.

Una tarde Manuel se encontraba concentrado en su trabajo, modelaba uno y otro ladrillo utilizando los implementos de uso diario. Repentinamente vio que por la entrada de su ámbito alfarero, penetraba el hombre de la cachucha volteada. El conductor del viejo camión de días atrás. La impresión de Manuel por aquella visita inesperada, no deseada y en circunstancia de sorpresa, lo situó en posición defensiva. Estaba lívido, pensó que este hombre venía con la intención de vengar lo sufrido la vez anterior. Ahora no contaba con la compañía de Olegario y los únicos instrumentos a su alcance para una eventual defensa en una casi segura confrontación, eran los utilizados en su trabajo, los cuales no servirían para mucho. Por otro lado, su edad y sus fuerzas menguadas no garantizaban ninguna posibilidad de éxito. Todos estos pensamientos pasaron por su mente en fracción de segundos.

Buenas tardes señor...

En ademán de cortesía levantó levemente su gorra, lo cual fue suficiente para apreciar su alopécica y sudorosa cabeza braquicéfala. Con esta frase y la actitud del personaje, Manuel sintió un gran alivio, pues ellas en principio definían el talante del visitante, lo que desvanecía casi totalmente su temor inicial. Manuel, con su habitual sequedad pero cumpliendo con las mínimas normas de educación, contestó el saludo al forastero.

En qué puedo servirle, pase adelante.

El advenedizo entró y ya frente al anciano, comenzó a explicar el motivo de su visita. Manuel en su fuero interno mantenía el temor por aquella aparición inesperada. En instantes repasó nuevamente todas las formas posibles de defensa con las que eventualmente podría contar. No eran muchas. La de su joven compañero, no existía, sólo la soledad, su amada compañera era la única e inútil defensora con la que podría contar en caso de ser necesario.

- El objeto de mi presencia aquí - continuó el hombre de la cachucha ladeada - es ofrecerle personalmente disculpas por mi comportamiento de la otra tarde, cuando vine por el pedido del señor Ramírez. Mire, luego que abandoné la alfarería, mi mente empezó a girar porque su cara me era conocida, pero no sabía de dónde. Mucho tiempo después encontré la solución. Hace varios años tenía a un niño enfermo y necesitaba dinero para comprar una medicina. Pedí ayuda a varias personas y no logré el auxilio solicitado. En esa oportunidad quien acudió en mi auxilio fue usted, cosa que agradecí con toda mi alma.

Ahora sentí que lo menos que podía hacer era venir en persona a pedir perdón por mi comportamiento de la otra tarde. Ese día, estaba agobiado por los problemas de mi trabajo, de mi camión y de mi familia, aunque ello no justifica mi actitud. Continuó hablando el visitante - Le agradezco hacer llegar mis disculpas al joven que lo acompañaba en aquel momento. Lo último que le digo es que tiene en mí a un amigo.

La imagen inicial, que era la de todo un jayán desapareció, ahora ofrecía un aspecto que lo hacía ver de manera totalmente opuesta.

Manuel dio las gracias, pero no alcanzó a pronunciar más palabras. Estaba realmente emocionado, su mirada estaba perdida, no estaba dirigida a ningún objetivo. En su mente había un torbellino de enseñanzas que había extraído del mensaje de Jesús. El sentimiento de temor que sintió al presenciar la entrada de aquel hombre y hasta el de aversión sentida en el momento del incidente, desaparecieron y más bien fueron convertidos en aprecio y casi amor paternal. Su conclusión fue que era necesario compartir y dar sin medida, pues lo que se da, Dios multiplicado, lo revierte cuando menos se piensa. Se cumplió el deseo de Manuel de volver a encontrar al hombre invasor de días atrás y como él pensó, era importante hurgar en el oponente y descubrir la causa de su comportamiento. Según Manuel, siempre existía una causa. Afortunadamente, en este caso pudo encontrarla.

La vida de Manuel se desarrolló con la normalidad propia de aquellos tiempos. En su soledad sentía la ausencia de su amigo. Tratando de llenar ese vacío que sentía, buscó refugio en su familia, en los más allegados y en los vecinos de su casa, a quienes se acercó un poco más y con quienes compartió su diario devenir.

Las personas más allegadas entre otras, eran Crucita Bertín, matrona cuya ocupación era la de costurera. Mujer de la tercera edad, de voluminosa estampa, honorable y de finos pero pueblerinos modales. Cosía calzoncillos de lienzo con los cuales suplía a tiendas del poblado. Jesús María Bertol, hombre de estatura considerable y temperamento pausado. Era el dueño de la bodega situada en la esquina cercana a su casa. Además de ser el proveedor de vituallas a la comunidad local, ofrecía golosinas a los niños. Como Crucita, en relación a Manuel, se consideraba por sus años, aventajado en edad. Ladislao Perco, poseedor de una carreta que prestaba servicio de transporte a la comunidad dentro de la población. Hombre de baja estatura quien, con mérito suficiente, competía en edad con los otros vecinos amigos de Manuel.

Podría decirse de aquellos seres que, por tener la misma ubicación en el tiempo, el ayer los unía, pues podían compartir anécdotas y vivencias de ese pasado que como maravilloso refugio, es acariciado por los que transitan los días de la vejez. Para Manuel voltear hacia atrás en aquel momento, dejaba ver con tristeza que muchos, que serían coetáneos con ese grupo de personas, ya no moraban en este mundo.

Manuel comenzó a percibir que lo pensado tantas veces se hacía realidad, irremediablemente sus amigos iban desapareciendo. Saboreó esa otra soledad, la cual con el avance del tiempo, lo aislaba cada vez más. Esa soledad hasta ahora no tenida en cuenta, era adicional a la suya. El peso de aquellas dos soledades juntas, era duro de sobrellevar. Lo sumergieron en un estado de melancolía. Por una parte, la clausura autoimpuesta experimentada en su vida diaria y por la otra, la separación de amigos de antaño que ya no estaban, le causaban inmensa depresión.

En un inusual arranque de optimismo Manuel decidió dedicarse al futuro. Consideraba y así lo hizo, que debía mirar más hacia el porvenir y no detenerse tanto en el pasado. Imprimió alegría dentro de aquellas personas que formaban su entorno y dedicó más tiempo para compartir con ellos, aunque aquella actitud ficticia fue como esconderse de su propio abatimiento. En el fondo de su corazón sabía que su mirada hacia tiempos venideros era mentira, pues su mañana era de dudoso amanecer y su pesar, arraigado muy adentro. Aquello fue más bien como para animarse a sí mismo. Era como encender la radio, para sentirse acompañado.

Comenzaba a ser insomne durante las noches, en ella los problemas mostraban mayor dificultad para su solución, las enfermedades se agudizaban y los dolores aparecían más intensos. Sentía la necesidad de compañía para mitigar esas alucinaciones. Continuó con su aparente alegría, refugiado en la cotidianidad pero cargando con su soledad, la cual se manifestaba internamente en él, como frío metálico en la más profunda fibra de su ser.

Pasaron los días, meses y años, la rutina había tomado el mando en la alfarería. Inviernos y veranos trajeron truenos que resonaban en todo el derredor, relámpagos que esclarecieron el ambiente y lluvias que humedecieron el ámbito del reducto de soledad.

Manuel envejeciendo y aumentando sus conocimientos bíblicos. Ya el recuerdo que tenía de Olegario era borrascoso y se perdía en su cada vez más deteriorada memoria. Con timidez se asomaban en su mente pequeños recuerdos nebulosos del alegre pasado que como todo ayer, no volvería.

El coloquio con sus vecinos fue aumentando y sustituyendo sus largos períodos de aislamiento, pues su edad imprimía el natural desgano que poco a poco iba impidiendo su trabajo.

CAPÍTULO

7

• • •

# REENCUENTRO

Un domingo, como todas las semanas y después de asistir a la Misa de ocho, Manuel, acicalado con su humilde traje dominguero, vio un movimiento inusual de personas que se reunían junto a la puerta principal del templo. Sin saber la causa de aquel desacostumbrado acontecimiento, se integró también al grupo de parroquianos con la finalidad de conocer el motivo de tal aglomeración. Después de varios intentos, alguien de los organizadores del evento, aunque de manera breve y displicente, le informó que esperaban al nuevo cura parroquial, por lo que se desplazarían hacia la entrada del poblado, lugar por donde el nuevo pastor ingresaría.

La masa de personas que allí se reunía, incluyendo a Manuel, lentamente se desplazó hacia el punto de bienvenida. Dentro de aquel montón de personas él era algo así como un ser marginal, quizás hasta como un intruso. Para muchos era un ser discordante y para otros casi invisible.

Manuel por su exilio voluntario y más que eso por su desapego a las diarias vicisitudes de la vida, no estaba en conocimiento de tal suceso. No obstante para satisfacer su curiosidad y conocer al nuevo sacerdote que tendría el pueblo, había decidido unirse a la peregrinación y someterse a la espera correspondiente. Era sorprendente, estaba rodeado de una multitud de personas y sin embargo estaba solo. No siempre era fácil hacerle compañía, pues ello dependía de la aceptación de amistad que él concediera a quien la demandara. Requería el cumplimiento de ciertas condiciones, por cierto no siempre fáciles de alcanzar. En otras palabras, Manuel era un hombre selectivo de sus amistades.

Por fin y después de mucho rato, casi a la hora meridiana, aquel grupo situado en la última esquina del poblado, pudo ver a lo lejos y en procesión arzobispal de alta jerarquía eclesiástica, al nuevo clérigo esperado, quien acababa de abandonar el automóvil que lo trajo desde la Capital y que dejaba atrás una espesa nube polvorienta como las que despiden las carreteras de tierra. Lo distante de tal aparición y lo menguado de su vista, no permitieron a Manuel en los primeros momentos, detallar la fisonomía del nuevo prelado asignado a la comunidad. Por ello en principio y mentalmente se dijo para sí: "Bueno, visto y en cuenta" Consideró que hasta allí era suficiente, sin embargo, antes de retirarse y no se sabe porque, dirigió un último vistazo al esperado personaje, quien ya un poco más cercano se encontraba.

¡Qué sorpresa para Manuel! El nuevo sacerdote del pueblo era el mismísimo Olegario. No salía de su asombro por tamaño regalo del Señor. Olegario después de los abrazos iniciales e incorporado ya a la multitud de emocionada bienvenida, vestido con su atuendo sacerdotal y dentro de un ambiente de armonía parroquial y religiosos cánticos, se desplazó conjuntamente con aquel conjunto de hombres y mujeres, hacia la plaza principal, frente a la iglesia. Mientras caminaba atendía el saludo emocionado de la feligresía, pero dirigía su mirada escrutadora hacia todas partes, buscando entre la multitud a quien deseaba ver y a quien suponía presente en aquel acto. Al fin ubicó a Manuel quien ocupaba una posición periférica del grupo. Cruzaron las miradas, avanzaron el uno hacia el otro. El Padre Olegario lo hizo a través del gentío que hacia él dirigía su mirada. El ya muy anciano Manuel María con un caminar de disimulado y senil tambaleo propio de quien transita la máxima década de los primeros cien años, como insignificante integrante de aquel grupo, avanzaba también, sin ser objeto de feligrés mirada. La única que caía sobre él, era la de el padre Olegario. Al estar uno frente al otro, bajo la mirada escrutadora y sorprendida de aquella abultada masa de personas, derramaron sendas lágrimas y silenciosamente se juntaron en un abrazo prolongado. Esta situación hizo que Manuel pasara de su humilde posición dentro de aquel grupo, a ser figura importante que mereció ser objeto de averiguadoras miradas.

Para Olegario, hombre joven lleno de vitalidad, era la alegría de la llegada, la de emprender nuevos caminos y la de afrontar los diarios retos parroquiales. Él era un hombre moderno de ideas avanzadas. En él todo había cambiado, menos su inclinación por la soledad y el silencio.

Para Manuel, nonagenario principiante y con fuerzas ya menguadas, era la tristeza de la despedida. Era él quien, en esta oportunidad, se despediría. Se cumplía su axioma, "cada llegada deja una partida." Esta llegada, para él, anunciaba su inexorable despedida. En su mente ya con timidez, se asomaban recuerdos nebulosos de lo que fue alegre pasado, que como todo ayer se desvanece y de él, recuerdo vago sólo queda.

El hombre de clerical vestidura en cambio, no era el joven inquisidor de tiempos idos, quien por la misma vocación a la clausura, le había hecho compañía en su destierro voluntario. Ahora era el hombre convencido, era el ser de mensaje conseguido. No era explorador de terrenos redentores buscando el mensaje de Jesús, era poseedor de la dicha de encontrarlo. Siempre repetía que Don Manuel fue el instrumento utilizado por el Creador para su llamado y quien inspiró el inicio del camino que ahora transitaba.

Manuel María sentía lo que debe presentir todo ser que de este mundo se despide. Desinterés por las cosas de esta vida y hasta cierto desdén por la existencia que concluía. Para él lo más importante era contar con dotación necesaria para afrontar nuevos caminos de los que preveía pronto inicio. Presentía su definitiva separación y en efecto, pocos días después, voló su alma hacia los Cielos. Como estrella fugaz, ella cruzó el firmamento y quedó fija allá en las profundidades del espacio, seguramente en su alfarería celestial. Quedó como una estrella brillante, brillante y solitaria como lo era él y como lo fue para Olegario.

# NOTA DEL AUTOR

DON MANUEL, uno de los protagonistas de este escrito, fue un personaje real, cuyo recuerdo yace escondido en algún rincón de mi memoria, donde guardo y evoco los momentos y personajes que en mí dejaron huellas agradables.

Igualmente, los personajes secundarios, a excepción del hombre de la cachucha sesgada y su ayudante, también fueron reales. No así OLEGARIO, quien vino transitando por caminos de la imaginación y de la fantasía y con quien la historia pudo haber sido cierta, si éste también hubiese sido real.

DON MANUEL desde allá, desde las estancias celestiales, donde seguro hoy se encuentra, asomado a la ventana de su estrella solitaria, nos mirará complacido, a pesar de su sorpresa por haber sido protagonista de un escrito. Nunca se creyó merecedor de homenaje alguno por su permanencia aquí en la tierra.

TOMÁS GONZÁLEZ PATIÑO<br>MARZO 2019

www.ingramcontent.com/pod-product-compliance
Lightning Source LLC
LaVergne TN
LVHW050556160826
845677LV00011B/2340